一生嫌われない人生を手に入れる

ホスピタリティの力

口幸一

経法ビジネス新書

001

はじめに

さりげない気づかいや、ささやかな思いやりが、人間関係を円滑にする大きな力となってくれます。

誰にでもできる挨拶や、感謝・お礼の言葉は、簡単にできるからこそ、かえって、忙しさに流されて、省いてしまってはいないでしょうか。

「ありがとうございます」「助かります」「楽しいひと時でした」「ごめんなさい」等々、ちょっとした気持ちのゆとりがあれば言葉にできることを、私たちは、つい軽視しがちです。

しかし、このような小さな心づかいの積み重ねが、やがて、大きな流れ・力となってくれます。使い古された言葉ですが、「継続は力」なのです。

オリンピック・パラリンピック大会をはじめ、海外からのお客さまをお迎えする機会も、今後ますます増えてきます。

一部のサービス業の専門家が、プロの「おもてなし」によって活躍をすればよいというものではありません。

私たち一人ひとりが、ささやかでいい、できることでかまわない、自分にとっても、相手にとっても、何らかの役に立ったと思えるような時間を過ごせたら、こんな素敵なことはありません。

無理をする必要はありません。無理は、長続きしません。けれども、一歩だけ踏み込んでみる、ちょっとだけ背伸びしてみるだけで、何かが変わりはじめ、動きはじめるはずです。

日本に住む私たちも、外国からのお客さまも、ちょっとした目配り・気配り・心配りで、円滑な出会いができるはずです。ささやかな心の触れ合いから、人間関係は発展していきます。

この本に、難しいことは書かれていません。

大それたことも述べられていません。

くつろいで、楽しんで読んでいただけたら、こんなにうれしいことはありません。

２０１４年10月
野口幸一

一生嫌われない人生を手に入れる　ホスピタリティの力

●目次

第2章

第3章　コミュニケーション

第5章　仕事に生かすホスピタリティ

第1章

ホスピタリティ・マインド

ホスピタリティとは

ホスピタリティとは、「まごころを伴った言動」です。「まごころ」は「ホスピタリティ・マインド」です。

相手を大切に思い、相手の立場に配慮する「おもいやり」、相手も自分も大事にする「人間尊重」、違いを認め、受け止め、違いを生かす「多様性の受容」。この3つが、ホスピタリティ・マインドの核心です。

ホスピタリティ・マインドを、言動にして表わすことを、「ホスピタリティ・アクション」と呼びます。

マインドとアクションが結びついてはじめて、ホスピタリティの実践となります。ホスピタリティの実践には、目配り・気配り・心配りが欠かせません。

目配りとは、相手の状態や周りの状況を、注意深く見ることです。人は言葉だけではなく、態度、時には服装などからもメッセージを発信しています。そのメッセージに気づくことが大事なのです。

気配りとは、実際には見えない部分について、相手の立場に立って気をつかうことです。自分の言葉や行動が、相手や周囲にどのように受け止められるかを想像することも気配りです。

心配りとは、相手のためになるように、自分にできることを探すことです。相手の喜怒哀楽を肯定的に受け止め、その気持ちを大切にすることが、相手の身になって考えることになります。

なぜという発想を持つ

人の行為や、世の中の出来事には、理由や原因があります。因果関係がはっきりしていることもあれば、なぜそのようになったのかが、よく分からないこともあります。

時間が経ってから振り返ってみて、はじめて納得できることも、ままあります。人は意識して言葉や行動を選択する場合もあれば、無意識に何かを行ってしまうこともあります。

自分が自覚していないときには、その行為の理由や原因について、第三者の目のほうが的確に「なぜ」かが分かるケースもあり得ます。

この「なぜ」を想像することが、人を理解し、尊重する手助けとなってくれます。

これは、気配りの1つといってもいいでしょう。

（この人は、いらいらしているが、なぜだろう）

（体調が思わしくないのだろうか）

（それとも、この後にやっかいな仕事が待っているのだろうか）

相手の「なぜ」を想像し、自分に何かできることはないだろうか、あるいは、邪魔をしないためにはどうしたらよいか等と考えることが、相手を大切にすることでもあり、自身の想像力を高めて、行動の幅を広げることになります。

ほとんどの場合、理由や根拠は1つとは限らないので、「なぜ」の正解に行き着くことはなかなか困難です。

しかし、理由や根拠となったその人の考えや出来事を想像する心の姿勢が、相手への思いやりに反映されていきます。

肯定的視点を持つ

ものごとや人物を一面的に捉えずに、さまざまな角度から多面的に理解する姿勢は、社会や人間の理解に幅が広がります。

中でも、肯定的視点を持って相手に接することは、一人ひとり異なる人間の、たくさんの違いを受け止め尊重することにつながります。

部下や同僚の仕事を評価する際にも、できたところに焦点を当てるほうが、その後の展開に良い影響をもたらします。意識や解釈の仕方によって、モチベーションまで大きく違ってきます。

事実は1つでも、受け止め方によって、そこから先へ進みやすいのか、進むのが困難に感じてしまうのかが分かれてしまいます。

よく引き合いに出される事例ですが、コップに半分の水があることを、どのように受け止めるかということです。「半分しかない」とがっかりするか、「半分もある」と喜べるか。

肯定的に人の言動や状況を判断することは、マイナス面、弱点を無視するのとは違います。

課題の発見と解決のためには、できていない箇所、弱いほうの側面を冷静に把握することが欠かせません。

危機管理という観点からも、それは必須です。

しかし、人を大切にするには、まず、いいところに着目するように心がけることです。

それは、共感する力を育てる姿勢でもあるのです。

メッセージを読み取る

相手の立場に配慮した言葉や行動が、人間関係の質を向上させる大きな力となってくれます。

それは、人を大切にするというホスピタリティの根本の考え方の1つです。

人を尊重するということは、相手の存在や人格だけではなく、その置かれた立場や状況にも目を配り、その時点で相手が何をしようとしているのか、自分とはどのような関わり方を望んでいるのかなどについて、注意深く観察して、その思いに応えることでもあります。

言い換えれば、メッセージを読み取ることが、目配りの要点なのです。ここでいうメッセージとは、言語や記号などによって伝えられる情報内容です。

メッセージが言葉で発せられるときは、その言葉の意味と同時に、言葉の背景にも目を向けることが、言葉の正しい理解につながります。

同じ言葉でも、人によって定義やイメージしていることは異なります。花と聞いて、桜を想う人もいれば、すみれを思い浮かべる人もいます。人はみな違うのですから、同じ言葉でも、解釈や思い浮かべていることは違っているということを前提にして、相手の話を受け止めることが誤解を避けることにもつながります。

メッセージは言語だけとは限りません。動作や表情などの、外見に表われた振る舞いが相手の気持ちを伝えてくれることもありますが、何らかの信号であるともいえます。

口では「分かりました」と言っても、納得のいかない顔つきであったり、目をそらしたりした場合には、本当に理解や承諾をしてくれたのかは疑問です。また同じ「分かりました」という言葉でも、発声の仕方、力の入れ方などにさまざまな思いが込められることもあります。

このような言語・非言語のメッセージを読み取ることによって、相手の立場に配慮した言動へとつながり、良好なコミュニケーションへと導かれます。

もちろん、人はみな違うのですから、メッセージを読み取ることは容易ではありません。しかし、その努力とプロセスが人間力の蓄積となっていきます。

3つの配りと3つの力

「メッセージを読み取る」「なぜという発想を持つ」「肯定的視点を持つ」ことの3つは、ホスピタリティ実践の基本的な要素です。

これらは同時に、コミュニケーション向上の秘訣でもあります。

この3つの要点の土台には、互いの違いを認め、尊重するということがあります。ホスピタリティの根本にある考え方です。

さらに、この3点は、次に述べる「3つの配り」と「3つの力」に重なっていきます。状況を把握し、メッセージを読み取ろうと「目配り」をすることで「観察力」が高まり、なぜという原因・理由を考えることや、自分の言動が相手や周囲に及ぼす影響を考える「気配り」によって「想像力」が広がり、相手や現実の良いところを見つけようとする肯定的な視点を持つ「心配り」によって「共感力」が強まります。

これを3つの配り（目配り・気配り・心配り）と、3つの力（観察力・想像力・共感力）と呼んでいます。辞書によっては、気配りと心配りは同じような意味になっているものもありますが、本書では、あえて意味に違いを持たせています。

ここで気をつけたいのは、「共感」と「同調」は違うということです。

自分ではない誰かが、喜んでいたり、悲しんでいたり、痛みに苦しんでいるときに、「ああ、うれしいことがあったんだな。よかったな」「哀しいことがあったんだ。つらそうだな」「苦しそうだな。何か楽になるいい方法はないかな」などと、その人の気持ちを察し、理解し、支援したいと思う気持ちが共感といえるのではないでしょうか。それは単に調子を合わせることとは異なります。

さて、この3つの配りと3つの力について言い換えれば、見えるものごとをしっかりと観て、見えないものごとにまで想像を働かせ、相手の立場に配慮した心づかいを行うことといえるでしょう。

このような気持ちの動きが、人間関係の質を高めることに結びついていきます。

相手を思いやる心を磨き、さりげなく実践に移すことによって、本来はうまくいくはずのないコミュニケーションも少しずつ向上していくのです。

それがホスピタリティの実践です。

親切なのか、おせっかいなのか

相手の身になって、その人のために何かをすることが親切です。この親切と隣り合わせのような、しかし、似て非なる言葉が「おせっかい」です。おせっかい（御節介）は、かえって迷惑になるような余計な世話をやくことです。

この両者の線引きが、ホスピタリティを考えるうえでも重要です。ポイントは、相手の状況・立場に配慮した、誠実な言動であるか否かです。

困っている人を助けるのは親切に違いありませんが、誰かが何かをしようと苦労しているとき、しかも、それが自力でできることの場合、親切心が仇になってしまうことがあります。一見、困っているように見えても、それを独力で達成することに価値がある場合です。これは、子育てや、高齢者の支援・介護には、特に忘れてはならない大事なことです。

例えば、杖をついたお年寄りが横断歩道を渡っているときに、援助の手を差し伸べ文字通り支持するのも立派な親切ですが、周囲の安全に注意しながら無事に渡り切るのを見守るという親切もあり得るのです。

人材育成においても、親切とおせっかいの間に一線を画すことが要点となります。多少辛抱して待てば、他人の助けを借りずにやり遂げられるのに、つい手を出してしまい、結果的に、本人の成長を妨げてしまうケースです。

いわゆる面倒見のいい人の好意が、おせっかいと変じてしまうわけです。感謝されるより、かえってやる気を削いで不満を感じさせてしまうことになりかねません。

唐突のようですが、人材育成においては、「さんま」が役立ちます。

栄養価の高い魚の話ではありません。「ま」ではじまる3つの言葉、すなわち「さんま」です。

まず1つ目は、任せるの「ま」です。その人の能力、やる気を信じて任せます。

2つ目は、待つの「ま」です。いったん任せたら、つい出したくなる手を引っ込めて、待つことです。上司や先輩の中には、この「待つ」に我慢が利かないために結局自分で処理してしまい、部下・後輩の成長の芽を摘んでしまう人がいます。いつまでも人材が育たず、そのツケが自分にまわってくるという悲劇のもととなってしまうのです。

3つ目は、守るの「ま」です。任せて、待って、最後に、責任は上司が引き受ける。これが、相互の信頼を強めます。「あなたがやったのだから、あなたが責任を取りなさい」では、部下がたまりません。仕事の成果は自分の手柄とし、責任は部下に押し付けるような上司では、人が育ちませんし、付いてきません。

守るためには、待ちながら「見守る」ことも大事です。任せることと、任せっぱなしとの間にも線引きが求められます。

秋刀魚は秋の味覚の代表選手ですが、ここで述べた「さんま」は、仕事において毎日が旬です。

★ありがとう

感謝の言葉「ありがとう」は、「ありがたし」、つまり有ることが難い（困難）という意味からきています。めったにない、簡単には得られないから、大事に思い感謝するという意味になりました。

「ありがたく存じます」の、「たく」が音便変化で「たう」から「とう」になって、「ありがとう存じます」と発音されるようになり、口語では次第に、存じますが取れていき「ありがとう」が定着しました。老舗の和菓子屋さんなどでは今でも「ありがとう存じます」とお礼を述べるところもあります。

ありがたいといえば何よりも、広い宇宙の中の、この地球上で生まれた人間が、互いに出会うのは奇跡のように有り難いことではないでしょうか。

その出会いを大切にしたいと思うのは自然な気持ちです。

ホスピタリティは、自然な気持ちから出発しています。

ユーモア

心にゆとりがあれば、困難な局面を打開し、新たな前進・展開につなげられるということを、みなさんはこれまでにさまざまな状況で経験されているのではないでしょうか。

心のゆとりの中でも、とりわけユーモアは、大きな力を発揮します。

自分を客観的に見つめ、自身を話題の素材として、ぽんと投げ出して笑いの対象にしてしまう懐の深さがユーモアです。それは「品のあるおかしさやおもしろさ」であり、かつ「緊張の緩和に力を発揮する」ものです。

ユーモアは、ホスピタリティの発揮にも欠かせません。

相手を尊重し、自分を冷静に客観的に見つめることができるとき、人はユーモアを発揮できるようです。

笑いは、自分の姿を正面から受け止め、人の目の前に投げ出せるときに生まれることがあります。

ユーモアも同様に、相手を大切にし、その立場を気づかい、相対的に自分を小さいものとして笑ってしまえる、心の余裕でもあります。

人間は理屈だけでは行動できず、頭で分かっていても、他人と衝突してしまったり、緊張した状態をつくり出してしまったりします。そんなとき、ちょっとしたユーモアが、「場」の緊張をほぐしてくれ、笑うことで、お互いが新たな気分になり、自由な発想が生まれることがあります。

もちろん、笑うべきではない状況というものもあります。やはりＴＰＯ（時・場所・場合や状況）を判断することは大切ですが、どんな困難なときでも、ユーモアを発揮できることは、人間関係にとって大きな強みとなるものです。

悲しいときや、苦しいときに、笑顔を浮かべることができたり、笑いを生むことができれば、そこから場面が展開したり、勇気が湧いてきたりするものです。

このことは、同じ状況でも、捉え方によって先行きが違ってくるという、価値観の持ち方にまで関わってきます。

さて、言葉の解釈は１つとは限らず、正解も１つとは限りません。ユーモアに関しても違った解釈や定義をお持ちの方も多いでしょう。

ユーモアという言葉の定義ほど、ユーモアに欠けることはないといわれています。が、あえて、ユーモアとは何かをもう少し探ってみましょう。

『新明解国語辞典　第六版』には次の語釈が載っています。

「社会生活（人間関係）における不要な緊迫を和らげるのに役立つ、婉曲（エンキョク）表現によるおかしみ。」

『岩波国語辞典　第三版』の「ユーモア」の項には次のように書かれています。

「人間生活ににじみ出る、おかしみ。上品なしゃれ。人生の矛盾・滑稽（こっけい）等を、人間共通の弱点として寛大な態度でながめ楽しむ気持。」

また、文化勲章受章者である河盛好蔵氏は、著書の『人とつき合う法』（新潮文庫）で、

「ユーモアの本質は、人間の愚かさ、バカらしさを、自分自身を材料にして笑う点にある。」

と述べています。

「おかしみ」「笑い」「上品さ」がキーワードですが、これらの言葉の根底には、人間

の肯定があります。

人間そのものへの愛情といってもいいでしょう。

人を人として大切にできるからこそ、自らの弱さ・小ささ・愚かさを第三者的な視点で捉えられるのです。

人をばかにしたり、ないがしろにしたりする姿勢からはユーモアは生まれません。人間尊重の対極にある陰湿な「いじめ」も、ユーモアとはかけ離れています。

ところで、ノーベル文学賞作家のバーナード・ショーは、いささかどぎついユーモアで有名でした。ある人に「金曜日に結婚すると不幸になるというのは本当でしょうか」と尋ねられ、

「もちろんです」と答え、ひと呼吸おいてから、

「金曜日だけが例外であるはずはありません」

と続けたそうです。

違う人間同士が暮らしていくことのむずかしさを諧謔《かいぎゃく》的に語ったわけですが、聞き手にも心のゆとりを求めている話しぶりといえます。

笑い

笑いやユーモアにあふれる組織やチームでは、強固な人間関係が築かれ、コミュニケーションが活発で、危機にも強いといえます。

別な言い方をすれば、笑いやユーモアに満ちた集団では、風通しがよいのです。

笑いが人間関係に及ぼす好影響は、私たちが経験や直感として知っていることですが、近年では脳科学からも実証されつつあります。

自分のおろかさや、あるいは人間が持っている矛盾した多面性を笑えることは、決して自分や人間を否定的に捉えることではありません。ありのままの自分をさらけ出したり、自分を取るに足らない存在のように見立てて笑い飛ばしたりすることは、実は、自分に自信がなければできないことなのです。己も含めた人間全体を肯定的に受け止められるからこそ、その弱い部分からも目を背けずに笑うことができるのです。

笑いやユーモアが根付いた組織では、コミュニケーションがよくとれていますから、危機にあっても強みを発揮できます。

なぜならば、前述のように現実を直視することができ、自分たちの問題点や弱みを受け止めることができるからなのです。それは、あるべき姿と現状とのギャップをしっかり把握するということにもつながってきます。

このような状態こそが、ホスピタリティが発揮された状態なのです。

なぜ笑えるのかということは、解明されてはいません。科学では割り切れない「笑い」というものを、理屈ではなく気持ちで受け入れることも、人間を大切にすることにつながってきます。

次のことわざは、このことを教えてくれます。

「泣いて暮らすも一生、笑って暮らすも一生」

「笑いは人の薬」

「笑う門には福来たる」

「笑って損した者なし」

「あいうえお」でセルフチェック

柔軟体操や散歩、ジョギングなど、体調を整えるために日々いろいろと工夫されている人も多いと思います。

毎朝、その日一日の過ごし方、あるいは仕事との向き合い方について確認しておきたいことがらを言葉に出してみるのも、心の準備体操としてお薦めします。

私の場合、自分が大切にしたい姿勢・行動や、忘れないようにしたい意識として次のような言葉を声に出しています（毎日とはいきませんが）。

あ　挨拶
い　意気
う　敬い
え　笑顔
お　畏れ

最後の「畏れ」というのは、いつの間にか状況に慣れてしまい鈍感になってしまった自分の感性や、緊張感の欠如、思慮に欠ける発言などに注意しなさい、畏れなさいという自分への警告です。

また、「意気」に替えて、「息」や「粋」等を思い浮かべて口にすることもあります。「息」は、自らの心と分解して読めます。「相手と息を合わせる」「息が長い」「息を吹き返す」などという表現は、呼吸が、調子や勢いやリズムにも深く関わっていることを示しています。深呼吸も含め、実際の呼吸の大切さと、生き生きとすること、勢いを得ること等を想像します。

発声練習もかねて、鏡の前で、口を大きくあけて、「あ、あいさつ、い、いき、う、うやまい……」などとやっています。外ではなかなかできませんが、家では家族に許してもらい、そこそこの「大声」でやっています。

自分流の「あ行」ができたら、「か行」もお薦めします。例えば、感謝、気合、工夫、謙虚、行動などというように。

自己肯定の落とし穴

ありのままの自分を認め、受け入れ、肯定することは、とても大事なことです。

自分という人間は、世界中にただ一人です。

生きていること、存在していることの奇跡的な素晴らしさに気づいていれば、自分の存在を否定することは間違ってもできません。たとえ、心ない誰かによって人格否定のようなひどい仕打ちを受けても、それは相手が人として大事なものが欠落しているというだけで、そのことによって自らを軽んじることも、貶《おとし》める必要もありません。

現在、いじめに苦しんでいる人に、このことを大きな声で伝えたいと思います。世界にたった一人の、かけがえのない存在としての、何ものにも代えがたい自身の存在価値を守ってほしい。

いま自分が、複雑な人間関係や、仕事や、経済事情などに疲れ果ててしまっているのなら、とにかく休息と気分転換が必要です。

まずは、自分を大切にいたわり、あるがままの自分を自らが優しく受け止めることです。自分の心と体の健康は、他のものに優先させてかまわないのです。それが結果的に人にかける迷惑を少なくします。無理をして倒れられるより、早めに手を打ってもらったほうが周りの人間も組織も助かるのです。例外は、人の生命・安全を預かっている船長・機長・医者等が勤務中の時などです。

しっかりと養生したら、今度は自己肯定の落とし穴に気をつけることです。あるがままでいいんだ、そのままでいいんだ、という考えは時として思考を鈍らせます。これが落とし穴です。

自己肯定と自己満足との間には、明確な線引きが必要なのです。せっかくこの世に存在しているのです。少しだけの冒険、眠っている自分の力の発揮、新しい人間関係、新鮮な体験に向かって一歩踏み出すことを、選択肢として持ってもいいのではないでしょうか。時にはとどまり休む、時には進む。正解は「1つではない」のですから、選択肢も多く用意していいはずです。

これでいいんだと、ずっと思い続けていては、新しい展開は生まれません。新しい展開とは、新たな自分を創り出し、見つけ出すことでもあります。

注意する

航空機で移動中の時でした。

途中、気流の関係でシートベルト着用となりました。よくあることです。

一時の揺れもおさまり、シートベルト着用のサインが消えた時に、次のようなアナウンスがありました。

「シートベルト着用のサインが消えましたが、引き続きシートベルトの着用をお願いいたします」

（それなら、着用サインを消さなければいいのに……）

ここで客室乗務員が言いたかったことは、たぶん、「私たちは、お客さまの安全に気を配っています。お客さま御自身もどうか、安全に御注意ください」ということなのだろうと考えてみました。

深読みし過ぎでしょうか。

確かめたわけではないので分かりませんが、引き続き安全への注意を喚起したということでしょう。

注意といえば、国道などの看板で、「落石注意」というのがあります。

（注意すれば、落ちてこないのか？）

そんな突っ込みをしたくなりますが、これも、たぶん、落ちてくることはどうしようもないのだけれども、もしかしたら、運悪く落ちてくる石に出くわしても、機敏に対応できるかもしれない。あるいは、路上に落石が転がっているかもしれないので、何も情報がないよりは知っていたほうがまし、という解釈ができます。

また、米軍基地の近くを車で通ったときに、運転している人から、「流れ弾に注意してください」と言われたことがあります。

その方は、基地に隣接した地域にお住まいで、基地問題は傍からはうかがい知れない重たいテーマであると承知していますが、それだけにさらっと言われた言葉が、いっそう胸に突き刺さりました。

私にとっては、笑ってはいけない冗談ではあったのですが、やはり、（注意すれば弾は飛んできませんか）と応じたくなった記憶があります。

さてここで、注意という言葉に焦点を当ててみましょう。

辞書（大辞林　第三版）によれば、注意とは、①心を集中させて気をつけること。気を配ること。留意。「細心の―を払う」「健康に―する」②警戒すること。用心すること。「横断の際は車に―しなさい」③傍らから気をつけるよう教えること。忠告。「―を与える」「服装を―される」などとあります（④以下省略）。

前述の機内アナウンスや落石注意、流れ弾注意は、語釈の②に該当するのでしょうが、当然ながら、①の解釈も含まれると思います。

気をつけること、気を配ることは、ホスピタリティのキーワードです。

人間関係を積極的に進展させるためにも、また、相手を不快にさせないためにも、身だしなみや、言葉づかい、立ち居振る舞いには、常に「注意」が必要です。

そして、相手と自分の関係だけではなく、相互が置かれている周囲の状況にも気を配り、目を向けることがホスピタリティ実践には求められます。

ふだん、何げなく使っている「注意」という言葉には、もっと注意を向けるべきなのでしょう。

★プロ棋士の読み

御縁があって、将棋のプロ棋士と仕事をし、対局を観戦する機会がたびたびありました。棋士が、先の変化を考える「読み」の深さには驚くばかりです。

指し手は、何十通りもの選択肢から選ばれ、それぞれの選択肢には数十手先までの変化手順があり、持ち時間（あらかじめ決められた考慮時間）を有効に使って何十通りもの可能性を探ることを繰り返して一局の将棋が完結します。

盤上の局面と、相手の構想・戦略や状況をつぶさに観察し、自分の次の一手によって生じる変化を予想するのは、目配り・気配りと通じます。

しかし、この先がホスピタリティとは異なります。相手の立場に立って考えながら、相手の読みをはずし、相手の嫌がる手や、考えていない選択肢を選ぶのです。

共感力の強い人が、その共感から察した相手の感情をあえて逆なでするような戦いともいえます。対局に勝つには、技能だけではない、「裏ホスピタリティ」のような要因があるのだとつくづく感じさせられました。

死に方について思う

いつか必ず訪れる死は、誰にとっても避けられません。
できれば苦しまずに死にたいと願うのも、人として自然な気持ちかもしれません。
しかし、死に方についての願望を、「死はこうありたい」と一般化して発信すること に、私は抵抗を感じます。

言論の自由があります。違った意見があって当然です。にもかかわらず、次のような発言を活字や講演等で不特定多数に向けて発信することについて、私は首をかしげてしまいます。

「理想的な死に方は、ぴんぴんころり」

死の直前まで元気に動けたら、それは素晴らしいことです。長時間苦しまずに死去することは、当人にとっても、周囲にとっても負担が少ないでしょう。

さりながら、死のあり方と、それに至るまでの生のあり方は一様ではありません。

仮に、苦しむことなくあの世に行けたとして、それは自慢したりする筋合いのものではありません。

生まれてくる時も、産みの親をはじめとして、多くの人の世話になります。死ぬ時も、また死んだ後も、誰かの世話になることは極めて自然な流れであって、それを恥じる必要はありません。

人に迷惑をかけないで死ぬことに価値を付与する考えは、現在、障害や病気に侵されて、苦しみながらも懸命に生きている人に対して失礼です。

まずもって、「存在」していることに対しての敬意と、「存在」の努力を懸命に続けていることへの応援が大切なのです。

朝三暮四の解釈

中国に「朝三暮四」という故事があります。

猿回しが猿に橡《とち》の実を朝に3つ、暮れに4つ与えると言ったら猿が怒り出したので、朝に4つ暮れに3つやると言ったところ猿が喜んだという話です。

辞書では、「表面的な相違や利害にとらわれて結果が同じになることに気づかぬこと。うまい言葉で人をだますこと。」(大辞林　第三版)などと説明されています。

はたして、このような従来の解釈は、妥当なのでしょうか。

猿の気持ちを考える代わりに、人の行いに対する評価の伝え方について考えてみます。

良い点と、課題点と、両方を指摘する場面を想定しましょう。

「○○と○○が悪かったと思う。○○と○○は良かったと思う」

というように、良くできなかったところを先に指摘して、後から良くできたところを明らかにする場合と、逆に、

「良かった点は○○と○○です。工夫したらもっと良くなると感じたところは○○と

〇〇です」

と良かったところを先に評価してから、課題となる点について伝えた場合を比べてみます。

どちらが、人の心に届くでしょうか。

これまでの体験や、研修会で多くの人に試してもらった結果からいえば、後者、すなわち良い点を評価してから課題点を伝える方が、悪い方から先に言われる場合と比べて、心地よいという感想が圧倒的に多数でした。

もちろん、単に順番だけの問題ではなく、後者は、「悪かった」（欠点として捉える）と表現する替わりに、「工夫したらもっと良くなる」（課題として捉える）としています。良かった点と良くなかった点をそれぞれ2つずつ伝えるという事実は同じですが、どのように伝えているかによって、その事実を受け止める気持ちは変わってきます。「朝三暮四」は、うまい言葉で人をだますこととは違うのです。

第2章 マナーとホスピタリティ

心地よく一緒に楽しむマナー

ある晴れた日、70階建ての横浜ランドマークタワーに入っている、ある会社を訪ねた時の話です。

高層階にある会議室に案内された際に、

「よろしかったらこちらの席はいかがですか。上座ではないかもしれませんが、景色がいいので」

と、港を一望できる場所を勧められました。

うれしい体験でした。

客を上座に案内するのは、マナーです。

マナーは、人間関係や社会生活において調和を保つために行うべき言動であり、相手への敬意の表わし方ということができます。最低限、相手を不快にさせないという配慮がマナーともいえます。

ここから一歩進んで、相手を心地よくするマナーも存在します。ホスピタリティを発揮したマナーです。

さらにもう一歩先には、相手と共に楽しむマナーがあり得ます。御紹介したように、ランドマークタワーの景色をお客さまにも楽しんでいただくことが、まさにこのマナーの実例といえます。

打合せが終わった後、窓際に立って、会社の方と一緒にしばらく眺望を楽しめたのは、話し合いがうまく進んだことと合わせて、素晴らしい時間でした。

挨拶・返事はシンプルだけれどもパワフル

挨拶ができない学生がいるとか、返事をしない新人が増えたとか、都市伝説のように繰り返し話題になります。

実際には、学生や新社会人の多くは就職活動等を通じて挨拶・返事がいかに重視されているかを痛感しているはずです。

残念ながら、きっちりと挨拶をする習慣を身につけてこなかった人が多いのは確かです。返事もまた同様です。誰にでもできるシンプルなコミュニケーションの第一歩ですが、意外なほど、その重要さが理解されていません。

挨拶・返事の持つ力を年少の頃から体感できていたら素晴らしいのですが、気づくのが仮に、十代の後半であっても、その時からしっかりと意識すれば、決して遅くはありません。

人に何かを頼んだときに、イエスの返事をもらえたらうれしくて、ノーであったら、ショックだったり、悲しかったりします。しかし、ノーより悪いのが、無視されることです。

返事をされないのは、無視されたに等しい扱いなのです。

声が小さくて相手に聞こえないことや、うなづきが伝わらない時もあります。自分では意思表示をしているのに、それが相手に伝わらないと、相手は返事をもらえなかった、つまりは無視されたと受け止めてしまいます。

そのようなことになったら、もったいないことです。

だからといって、いつも大きな声を出す必要はありません。要は、相手に届けばいいのです。そういう意味からも相手の目を見ることは大事なのです。相手の状態が把握できていれば、それに見合った声の大きさや、動作で十分伝わるからです。

声が小さい、あるいは表情があまり動かないというのは、個性の一部です。個性は、無理して変えることはありません。大きい声を出すのが苦手な人は、自分の声が届く工夫をすればいいのです。相手と目を合わせ、相手にも自分に注目してもらえば、声は届きやすくなりますし、小さな動作でも気づいてもらえます。

スリッパは語る

立派な宿泊施設の整った、ある企業の研修センターで伺った話です。

大浴場が完備されて、泊まり込み研修の受講者にも人気があるのですが、脱衣場の入り口に脱ぎ散らかされるスリッパには、毎回唖然とさせられるとのこと。

「銭湯に行ったことがないんですかねえ」

ほとんどの人が、そのありさまに何も感じていないようですと、この話を教えてくれた方は嘆いていました。

今日では、履物を脱いで客先に上がるという機会は多くはないでしょうが、それでも、緊張感があれば、脱いだ靴は意識せずとも揃えられることでしょう。

この話に出てくる泊まり込み研修では、1日の勉強が終わった解放感も手伝って、スリッパは散乱する運命なのかもしれません。しかし、もしこのスリッパのような行儀の悪さが、日常の立ち居振る舞いにもつながっているとしたら、かなり真剣にこの問題を考えた方がいいでしょう。

ビジネスにおいては、話（仕事）の中身もさることながら、話し手の姿勢や動作、服装などによって、人は他人を判断し評価することが多いのです。

よほど親しい間柄でなければ、身だしなみに注意の向いていない人は、大事に扱ってもらえません。せっかく能力があり仕事の中身があっても、入り口（第一印象）ではじかれてしまいます。

例えば、就職の面接事例があります。面接官は、候補者の人となりを評価するために、受け応えの内容だけではなく、先ほど述べた、立ち居振る舞いにひそかに注目しています。椅子から立ち上がった際に、きちんと椅子をもとの位置に戻しているか、退出の時に、会釈ができているか、ドアをしっかりと静かに閉めているか、など。

これも、ある企業であった実際の話ですが、グループ面談の際に、ドアを開けっ放しにして出て行った最後の退出者が、そのことが理由で落とされました。

自分の才能を発揮するのにふさわしい企業だったかもしれないのに、ちょっと詰めがあまかった（行儀がよくなかった）ために、進みたい道を閉ざされてしまったら、残念だと思いませんか。

揃えられた靴の向き

靴を脱いでお客さまの事務所や家に上がる際の話です。

脱いだ靴は揃える、というのが常識とされています。脱ぎ散らかされた状態は見た目も悪く、履くときにも余分な手間暇がかかります。

揃えて脱いで、正面向きで上がった後に、相手にお尻を向けないように斜めの位置をとって、かがんで靴の向きを外に向けて揃え、位置は中央ではなく脇に置くのが、いわゆる訪問時のマナーとされています。

そこで問題となるのが、揃えた靴の向きです。

日本では、右に述べたように外向きが普通ですが、脱いだ靴を、家の内に向けて揃える国もあります。

こんな話がありました。

礼儀正しい外国の青年が、ある日本の家を訪問したときに、靴を脱いで家の中に向けて揃えました。

この青年がこの家を退出した後に、家の人が、「やっぱり礼儀を知らないのね」と言ったそうです。

しかし、実はこの青年の育った国の文化では、靴を家の内に向けることは、その家の御先祖さまに対する敬意の表われであり、靴を反対にするのは、かえって失礼にあたるという考えなのでした。

人間は一人ひとり違うという大前提と合わせ、国や地域の歴史・文化背景によって価値観や常識が異なってきます。

靴の向きは、その一例にすぎません。

違いは、間違いではなく、違うことがそもそもの出発点であるということを、あらためて確認いただければと思います。

道をあけてくださいませんか

残念ながら、日本の歩道は、全般的にそれほど広くありません。2、3人が横に並んで歩けば、それだけでいっぱいになってしまうような道幅のところが多い状況です。

このため、数人でおしゃべりに夢中になって通行の妨げとなっていたり、会社の上司・先輩と思しき人に歩調を合わせて、話しながら道を占拠して歩いていたりする光景を見かけることがあります。

話している人同士、同じ会社のメンバーの間では、楽しかったり、大事なコミュニケーションの時間であったりするのかもしれませんが、ほとんどの場合に、はた迷惑となっています。

しかし、「恐れ入りますが、道をあけてくださいませんか」と声をかけるのも、気分的にはなかなか面倒なものです。ましてや道を塞いでいるのが、手をつないでルンルンしているアベック（死語！　でしょうか）だったとしたら、なおさら声をかけたくない。道路は自分たちだけのものではないと、気づいてほしい。

関連したケースとして、エレベーター乗降の際の譲り合いがあります。

相手を尊重して「お先にどうぞ」と譲り合うのは麗しい光景でもあります。

しかし、他にも乗降客がいるときに、何度もこれをやっていると、やはり周囲に迷惑をかけてしまいます。

そのようなときには、「お先に失礼します」と断って、すみやかに動けばいいのです。

相手と自分の立場・状況だけではなく、第三者や周辺への目配りや気配りは、ビジネスにも、社会生活にも求められています。

道を塞がれていると、ついつい、このような考えが浮かんできます。

公共の場でケータイの会話が聞こえる不快について

公共の場で耳に入ってくる携帯電話の会話が、なぜ不快に感じられるのかについて考えてみます。

ＪＲや地下鉄の車内で、人が話しているのは、極端にうるさくなければ、それほど気になりません。人が会話をするのは自然な営みであり、耳にする方もそれを受け入れる気持ちができています。

それでも、自分に関わりのある話題では、つい聞き耳を立ててしまうことも、ある程度はやむを得ないでしょう。聞かれるのが嫌なら、他人の居る場で話さなければいいだけです。

ところが、携帯電話は、相手がそこにいません。これが、その場にいる人同士の会話と異なり、耳障りに感じられる原因ではないでしょうか。

不自然なのです。

こちらが聞きたくもないのに、聞こえてくる、聞いてしまう状況で、本来立ち入るべきではない話題が平然と交わされていることへの不愉快さもあると思います。

私だったら、誰に聞かれているか分からない状況で、個人的な込み入った話はしたくありません。まして個人名・会社名・仕事の内容など、本来、守秘しなければならない事柄が、平然と公共の場で音声になっていることが、そもそもおかしいのです。

不快感の根っこは、この辺にあるのだと考えます。

もし、取引先の人が、周辺の人に聞かれることに配慮せずに仕事の話を携帯電話で済まそうとしているのなら、プロとしての基本動作ができていないと判断されても仕方がありません。周囲が、見知らぬ人だけならまだしも、関係者や、仕事で競合する立場にある人に聞かれていたらと考えると空恐ろしいことなのです。

「いま車内なので、後程折り返し連絡します」など、必要最小限の連絡にとどめることが、情報管理・危機管理の面から重要であり、同時にそれが周囲に不快感を与えないマナーにもつながります。

あたりかまわず携帯電話で会話することは、周囲の状況と自分の立場を把握できていないということなのです。

席を譲られたら

仮に、あなたが、電車やバスの優先席に座っても違和感のないような、ある意味微妙な年齢だったとしましょう。

混み合った車内で、もし、席を譲られたら、「ありがとうございます」と言ってさりげなく座れますか?

そのような場合には、相手の気持ちに感謝し、お礼を述べて席に着きましょう。

ぜひ、そうしてください。

それが、あなたの品格を高めます。

大袈裟に言えば、譲る勇気を奮ってくださった方への「思いのお返し」となるからです。

「いえ、けっこうです」と応えて断るのは、譲ろうとした相手のせっかくの好意を無駄にしてしまいます。

相手が若い人であったら、心を傷つけてしまうおそれさえあるのです。

ごく自然に声をかけられる人もいるでしょうが、中には、迷ったうえで、思い切って話しかける人もいるはずです。

もしも、その人にとって席を譲ろうとすることが人生初の体験だったとしたら、どうでしょう。せっかくの思いを即座に拒絶されるのは、けっこうつらいものです。その次から、人に席を譲ろうという気持ちが萎えてしまうかもしれません。

譲られる側は、いわゆる年寄り扱いされるのは、人によっては不満に感じられるかもしれませんが、素直に感謝することで、実は、人の気持ちに応えるという「お返し」をしているのです。

おもてなしか押し付けか（背景が違えば）

もてなすという言葉には、人を待遇する、心を込めてお客さまの世話をする、饗応する、御馳走をするなどという意味があります。待遇や世話という言葉自体にも、御馳走という意味が含まれているような感じがします。

かつて、食料が不足していた時代がずいぶんとありました。第二次世界大戦の頃もまさにそうでした。日本中が恒常的に飢えを感じている状況の中で、最高のもてなしは、食べ物をこれでもか、これでもかと供することでした。

例えば、沖縄の「カメーカメー文化」です。

料理を饗応する代表的なおもてなし文化といえます。カメーカメーとは、食べなさい食べなさいという意味です。

空腹を感じていた人にとっては、どんなにかうれしいもてなしだったことでしょう。食べたいときに食べ物がないということは、ひもじい思いを体験した人にしか分からないつらさだそうです。

ところが、現在の日本は、幸せなことに、好き嫌いをいわなければ、食料に不自由しません。本当にありがたいことです。

このような今の私たちの国にあっては、お腹が空いていない人に、食べろ食べろというのは、おもてなしから離れてしまい、むしろ押し付けとなってしまいます。

伝統あるカメーカメー文化も、今日では「カメーカメー攻撃」と、揶揄するようなニュアンスで呼ばれることもあります。おもてなし（接待）ではなく、攻撃（押し付け）というわけです。

これでもかこれでもかというようにたくさんの料理を並べることが、時代によって、そして社会の情勢に応じて、必ずしも最高のおもてなしとはみなされないといえるのでしょう。

まごころと……

取材で銀座のホステスさんに話を伺ったことがあります。

ホステスやホストという言葉も、ホスピタリティと語源が同じで、相手をもてなすという意味が含まれます。

人間関係を良好にするためのヒントを何か得られるはずと思い、また、接客の1つの代表的な分野ともいえる世界の話にとても興味がありました。

接客のコツは？　とストレートに尋ねて、返ってきた答がしゃれています。

「まごころと、したごころよ」

と、にっこりと微笑みました。

まごころは、偽りや飾りのない心という意味であり、誠意ともいえます。

したごころは、不思議な言葉です。心に隠しているたくらみごとという意味と、本心・内心・真意という意味を持っています。

彼女のいう接客サービスのコツは、うわべだけではない誠意をもって、あることを真剣に、しかし、あからさまには表に出さないということのようです。

あることとは、お客さまに心から寛いで楽しいひと時を過ごしてもらうことと、決して安くはないお勘定を気持ちよく払っていただくということではないでしょうか。

お客さまの趣味・嗜好に合わせた話題で座持ちができる、女性としての魅力も発揮しながら、心地よい立ち居振る舞いができることが大切なのはもちろんでしょう。

加えて、誰が客として来て、どのような話をしたかなどという、顧客の情報を漏らさないセキュリティの高さも料金に含まれているはずです。

銀座という地域の持つステータスとして、一流の接客と、それを支える安心・安全が料金を構成し、利用客は、その内容に納得するから金を払うのです。

自分の金で通う人は少なく、企業の接待費が潤沢でなければ銀座のクラブも潤わないという声もあります。が、そんな中でも繁盛をする店には、そこでなければ得られないまごころと、したごころがあるに違いありません。

第3章 コミュニケーション

コミュニケーションはそもそもうまくいかない

コミュニケーションの出発点として、「人はみな違う」ということがあります。感じ方、考え方、育った環境、経験・知識の蓄積、人間関係など、一人ひとりが異なるのですから、コミュニケーションは「そもそもうまくはいかない」ものなのです。

だからこそ、あれこれと工夫して、少しでも前進させたいし、前進すればうれしいのです。

「うまくいくはず」であるとか、「うまくいかなければならない」といった考えにとらわれるのは前向きとはいえませんし、一生懸命に努力している自分をかえって精神的に追い込んでしまうおそれもあります。

さまざまな企業・自治体等から依頼を受け、講演や研修でいつもこのことを強調していますが、終了後のアンケートには、次のような声がたびたび寄せられています。

「コミュニケーションはそもそもうまくいかないという話を聞いて救われました」「いままでコミュニケーションにずっと悩んでいましたが、少しほっとしました」。

繰り返しますが、コミュニケーションは本来うまくいかないものなのです。

だからこそ、ちょっとした工夫、そして、ホスピタリティの実践によってコミュニケーションが向上するのだということを考えてみましょう。

別な言い方をすれば、違いを認め、受け止め、生かし、自分も相手も大切にして、心の込もった言葉と行動で、よりよい人間関係を築きあげるためのコミュニケーションについて考えてみるということでもあります。

まずコミュニケーションには2つの特徴があります。

第1に、事実・情報の伝達と、気持ちを伝えるという両面があること。第2に、相手からと自分からとの双方向性を持つことです。

ホスピタリティとは、「まごころを伴った言動」です。相手を大切に思い、相手の立場に配慮する「おもいやり」、相手も自分も大事にする「人間尊重」、違いを認め、受け止め、違いを生かす「多様性の受容」が、まごころ（ホスピタリティ・マインド）です。

もちろんホスピタリティの定義は1つとは限りません。人間を尊重し、人間関係の質を高めようとする考えや姿勢はホスピタリティに通じるものですから、むしろ幾通りもの表現があって当然なのです。

以上のことを前提として、ホスピタリティの実践によって、コミュニケーションを向上させる具体的なポイントに焦点を当ててみましょう。

まず大事なことは、「メッセージを読み取る」ことです。次に「なぜという発想を持つ」こと、そして「肯定的視点を持つ」ことです。

この3つの要素がコミュニケーションの向上に結びつきます。

メッセージには、本人が意識的に発信しているものと、自覚はしていないけれど相手や周囲に伝わってくるものがあります。

このメッセージをすべて正確に受け止めることは困難です。しかし、何があったのかは分からないけれど、何かがあったことに気づくことは、コミュニケーション向上の大きな力となります。

次に、「なぜ」を考える習慣を持つことも、ホスピタリティの発揮やコミュニケーション能力を高めるためには大切です。

「なぜ」という問いかけが、適切な解答に行き着くという保証はありません。

しかし、このプロセスが、相手の立場を配慮する推進力となってくれます。「なぜ」という問いかけは、相手の言動だけではなく、時には、自分自身に対して発してみることも有用です。思ってもいないことを口にしてしまったり、できるはずのことをやらなかったり、自分で自分が分からなくなってしまうこともあるでしょう。そんなときに自問してみることも、自分とのコミュニケーションという観点から、己を知るための推進力となってくれるはずです。

３点目に、「肯定的」に事実を捉えることによって、その人の良さやその組織の魅力を引き出すことができます。ダメなところに目を向けるのではなく、できているところに焦点を当てることが、積極的に価値を見出すことにもつながります。

もちろん、危機管理の視点からは、できているところばかりを評価するのは危険が伴います。課題や問題点を冷静に把握できてこそ前進・発展があります。このことを踏まえたうえで、肯定的視点を持つことは、ホスピタリティ実践のために力となってくれることを確認してみてください。

コミュニケーションには「あきらめ」も必要

いくら相手の立場に配慮し、表現に工夫をこらしても、コミュニケーションがうまくいかないことがあります。

真剣に、誠実に対応したはずなのに、こちらの思いは伝わらず、誤解されてしまうという事態が起きてしまいます。あるいは、念を押して確認した事柄が、理解してもらえない等々。

もともとうまくはいかないのがコミュニケーションというものなのですから、すれ違いが生まれるのは、むしろ当然のことです。

頭ではそのように分かっていても、悩んでしまうのが人間です。

感受性が豊かだからこそ、思い悩むのだともいえます。

そのようなときに、とても大事なことは、思い切って「あきらめる」ことです。

起きてしまったことをいくら考えても、過去という事実は変えられません。それならば、将来に向けて活用できる財産としての過去にすればいいのです。そのための道を探ることが大切なのです。

ですから、すっぱりとあきらめて仕切り直しをすることも、1つの方法なのです。そうして、忘れられないことでも、いったんは「忘れた」ことにしてしまうのです。新しい状況を切り開いていけばいいのです。

背中で拒否していませんか

コミュニケーションは、言葉を用いる言語コミュニケーションと、言葉以外の動作・態度などを手段とする非言語コミュニケーションに大別されます。

言葉の内容と、表情・身振りなどが一致していると、相手に伝わりやすいのですが、口と態度が裏腹なことが案外多いのではないでしょうか。

職場で上司が、口では、

「分からないことや、困ったことがあったら、いつでも相談してくれ」

と部下に言っているのに、いざ部下が困って相談したいと思ったときには、忙しそうにしていて、なかなか話しかけられないというのが実情です。

私は研修会や講演で、部下や後輩を持つみなさんに次のように話しかけることがあります。

「みなさん、ご自分が忙しいときに、『話しかけないでオーラ』を出していませんか」

すると、実に多くの人が、笑いや苦笑いで反応してくれます。

そうして苦笑しつつも、はっとされているのが伝わってきます。

オーラという言葉には霊的な意味も含まれますから、正確には、人を寄せ付けない雰囲気や、質問・依頼を拒絶する態度というべきかもしれませんが、やや大袈裟にオーラと表現したほうが、よりストレートに心に響くようです。

「話しかけないでオーラ」は、いま忙しいから話しかけないでほしいと、いわば背中で拒否しているわけです。

実際に時間を割くのが困難な状況は多いはずですが、そのような時でも、

「窓口は開いています」

と、受け止める姿勢を持って、いったんは中身を聴いたうえで、

「いまは急ぎの用があって、十分な時間がとれないけれど、詳しく話を聴かせてほしいので、後で時間を調整しよう」

などと応えて、後刻のやりくりをするべきです。

言うまでもなく、「後で」が、そのままずっと来なかったら、部下の信頼は消えゆく運命です。

敬語の不思議

コミュニケーションの中で敬語の果たす役割は、かなり重要です。

敬語が、身分制度の反映とする見方もありますが、現代の敬語は、人間の尊重であると言い切ってかまわないと思います。

敬語には、相手に対する敬意を表現するという役割と、同時に自らの品位も高めるという役割があります。

敬意表現や、用いる言葉そのものによって相手や周囲の信頼を得たり、逆に失ったりすることにもなりかねません。

しかし、なぜか、つい間違えてしまうのも敬語なのです。

文法の理論ではなく、慣用によって正誤・適否が判断されている部分が多いのも、敬語を間違えてしまう大きな要因です。

そもそも言葉やその用法は長い歴史の積み重ねによって成り立っていますから、文法理論だけでは説明しきれない部分が多々あります。長年にわたって、たくさんの人によって繰り返し使われた用法は、理屈ぬきに、そういうものだと覚えるしかありません。そういった意味では、典型的な間違いの例を知っておくことも、適切な敬語の使用には役立ちます。

「お○○してください」あるいは、「御○○していただけますか」などと私自身よく口にしてしまうことがあります。

分かっていても、間違ってしまう悪夢のような敬語です。

「お○○する」「御○○する」という型は、謙譲表現とされていますので、自分や身内の動作について用いて、相対的に相手を高めるべき表現なのですが、つい、尊敬表現のように使ってしまいます。

例えば、「御面倒でも、お手伝いしていただけますか」「よろしかったら御案内してくださいませんか」などと、言ってしまいがちです。

「お手伝いいただけますか」「御案内くださいませんか」でよいのです。が、間違えやすいのです。

何々するという表現を使いたい場合には、「手伝いしていただけますか（手伝っていただけますか)」や「案内してくださいませんか」となり、「お」や「御」を頭につけたいときには、前述の例示の他に、「御案内いただけませんでしょうか」あるいは「御案内いただくことは可能でしょうか」などと丁寧で長くすることもできます。

しかし、敬意表現を重ね過ぎるとかえってくどく感じられるおそれもあります。過剰敬語、二重敬語とみなされれば、過ちと判断されます。

とはいっても、ここがやっかいなところなのですが、「敬意逓減の法則」と呼ばれる現象があり、敬意の言葉・用法が、長く使われているうちに次第に敬いの度合いが薄く感じられるようになってしまいます。薄く感じられると、濃くするために敬語を重ねる現象が起こります。こうして、敬語の厚化粧が生まれ、次第に多くの人が違和感を持たずに用いるようになると、ついには過剰とも二重とも感じられなくなり、社会的に認知されるものが出てきます。この敬意逓減と多数決によって、敬意表現は変遷していきます。

「貴様」「御前」は文字からも推察されますが、相手を高める尊敬語でした。が、いまは、尊敬表現で用いられることはまずありません。部下が上司にむかって「貴様は…」

などと言ったら、不穏な空気が流れてしまいます。

「伺う」という言葉は、それ自体が謙譲語とされており、「お伺いします」は、さきほどの「お〇〇する」型の謙譲表現ですから、二重敬語です。けれども、いまでは、不自然ではありません。広く世の中で用いられ、いわゆる市民権を得ているからです。まさに、言葉の適否は多数決によって決まるといえます。

着るという意味の「お召しになる」や、飲食の「お召し上がりになる」、あるいは、来るの「お見えになる」も、二重敬語です。が、先に述べたように、慣用され、適切とみなされています。

現在は過ちとされている用法・表現についても、これから先にどのように評価が変わっていくのか目が離せません。

ホスピタリティ実践の観点からいえば、言葉や表現について、市民権を得ているものでも、人によっては、それを間違いと判断したり、不快に感じたりするということを意識のどこかに持っていたほうがより良好なコミュニケーションにつながります。

「しゃれ」は、人間関係を円滑にする

日本の和歌といえば、百人一首を連想される方も多いと思います。誤解をおそれずに言えば、百人一首は、しゃれの宝庫です。日本古来の文化としゃれは切り離せない関係があると断定しても過言ではありません。

小野小町の次の一首も、しゃれに満ちています。

〈花の色は　移りにけりな　いたづらに　わが身世にふる　ながめせしまに〉

「世にふる」は、雨が「降る」と、時間が経つ・年を取るという意味の「旧《ふ》る」が重ねられ、「ながめ」には、長雨と長時間もの思いにふけって一所《ひとところ》を見つめるという意味がかけられ、おまけに、「世」は男女の仲を示す言葉でもあるなど、幾重にもしゃれが仕掛けてあります。「花の色」が、実際の植物を指すばかりではなく、人間の容姿にかけられていることも、無論のことです。

この一例からも分かるように、しゃれは言葉そのものや表現の、音から想起されるイメージが、聞き手の頭の中で複数にわたって紡ぎ出されていくという高度な言語遊戯な

のです。

いかがですか？　知的で、脳の活性化にもつながると思いませんか。

上品で笑いを誘うしゃれや、機知に富んだしゃれ、その場の雰囲気を和ませるしゃれが交わされる職場や家庭は素敵ではないでしょうか。

ただし、あまりに、しゃればかりあふれていては、かえって鬱陶《うっとう》しいかもしれませんので、「適度に」という条件は必要ですが……。

新解さんと愛称される『新明解国語辞典　第六版』には、次のような、しゃれの例示があります。

「潮干狩に行ったがたいして収穫がなく、『行った甲斐〔＝貝〕がなかったよ』と言うなど。」

ちなみに、この辞書の初版での例は以下のとおりです。

「富田という男が何か失敗して、みんなが気まずい思いをしている時に『とんだ事になったな』などと言って、しらけた空気を紛らすなど。」

さすがに機知に富んだとはいえず、代替されたのだと大体の察しがつきます。

「だじゃれ」は、すばらしい、かもしれない

前の項で、「しゃれ」は人間関係を円滑にすると述べました。ここでは、「だじゃれ」が素晴らしい、あるいは、そこそこの役割を果たすかもしれない点を考慮してみます。

おなじみの『新明解国語辞典　第六版』によれば、だじゃれ【駄洒落】は、「少しも感心出来ない、つまらないしゃれ」と文字通り身も蓋もない説明になっています。

しかしながら、「だじゃれも、人間関係の潤滑油になり得ます」と、筆者はここで訴えたいのです。

人が善意をもって言葉を発するという行為そのものは、人間関係の新たな展開へのステップとなるものです。上品で笑いを誘えなくても、です。

よく、下手なだじゃれはよしなしゃれ、などといいます。理屈をこねれば、うまければ「だ」ではないはずです。だじゃれが、すばらしければ、ザ・しゃれとでもいうべきです（これもだじゃれ……でしょうか）。

知り合いの大学の教授で、しゃれの好きな方がいるのですが、ある人から、

「先生はだじゃれがお上手ですね」

と言われて憮然としていました。

「しゃれがうまい、は褒め言葉だが、だじゃれは言葉自体がけなされている」と。学者だけに論理的でした。

それはともかくとして、だじゃれであっても、すばらしいタイミングで発せられたときには、場の空気を和ませることもあります。

たとえ、よい反応を得たい（うけたい）という野心はあったとしても、風通しのよい職場をめざして笑いを誘おうとする行為は、人間関係やコミュニケーションの発展に（少しは）貢献するはずです。

とはいっても、次のようなのを、頻繁に繰り返されてはたまりませんね。

「だじゃれを言うのはだれじゃ」

「それは誤解だよ、あ、ここは3階か」

「死んでからもしゃれを言うのは、しゃれこうべ」

スピーチのコツ

私のつくったスピーチ3か条を紹介します。

1、引き受けない。

2、とにかく引き受けない。

3、どんなことがあっても引き受けない。

いかがでしょうか。これでは何の役にも立たないとお考えの方に、以下は、断り切れずに引き受ける際の留意点を、ホスピタリティの視点から述べてみます。

スピーチは、コミュニケーションの1つであるという点は、まず大事なところです。本書で折に触れて言及しているように、コミュニケーションは元来、うまくいかないという点がここでも肝心な押さえどころです。

御自分のスピーチに酔って、えんえんと語っている方をお見受けしますが、コミュニケーションである以上は、届けたい相手に伝わってはじめてスピーチの目的が達せられるわけです。相手のことを考慮せず、聴いていようがいまいがお構いなしでは、聴衆のいないところで語っているのと変わりがありません。

聴き手を意識してこそのスピーチなのです。

少し昔、葬式の読経は、長い方が有難味があるという御老人もけっこういました。が、現代では、お経やスピーチの時間の長さに価値観を見出す人は、少数派ではないでしょうか。

一方が話す・もう一方が聴くという行為は、互いの貴重な時間を同時に消費していることでもあります。

特にスピーチの送り手は、時間消費の主導権を握っているわけですから、極端にいえば、相手の人生のいくばくかを奪っているわけです。これは、とても大変なことです。

さて、結婚式のスピーチに関する次のような会話を紹介します。

「あの主賓のスピーチ、長かったな」

「ああ」

「おまけに新婦の名前間違えてたぞ」

「本当か？」

「本当か、って。おまえ、聞いてなかったのか」

「ああ。いままで披露宴でいいスピーチってほとんど聞いたことないからな。他のこと考えていた」

「うーん、正解だね。ああいうのって、時間がもったいないよ。おまけに会社の宣伝までしていたけど、オレ、あそこの製品は買わないよ、たぶん」

「長い長いと思っていたけど、会社の売り込みもしていたんだ」

「あんなに偉そうにしゃべらなくてもなあ……」


これでは、新郎新婦に対しても申し訳ないですね。

★駆逐される正しい言葉

「こまぬく」「ごてどく」

右の2語は、いずれも正しい言葉なのですが、今や、あとから広まった誤用に駆逐され、瀕死のありさまです。

「こまぬく」は腕を組む、手出しせず傍観する、何もしないで見ているという意味ですが、「こまねく」が広まってしまいました。「ごてどく」は、ぐずぐず不平や文句をいう意味の「ごてる」から派生し、ごてて得をする意味です。が、現在は「ごねどく」のほうがより一般的です。ごねるは、御涅槃から派生し、死ぬことを意味していましたが、「ごてる」との混用で今日に至っています。

誤用も定着すれば市民権を得て、一般的となります。

良し悪しを論じることとは別に、事実として受け止める必要があります。本来正しい言葉を用いても、誤りと思われたり、違和感を与えてしまったりすることがあると承知しておくことも時として求められます。

「がんばれ」という励ましについて

励ましの言葉がいつも人を元気づけるとは限りません。

「がんばって！」

と言われて、

「よしっ、やるぞ」

と気持ちが奮い立ち、力が湧いてくる人もいれば、

「何を？　どのように？　これまでもがんばってきたのに、まだやれというの？」

とうんざりしてしまう人もいます。

同じことを言われても、誰に、どのような口調やニュアンスで言われたのかによっても受け止め方は変わってきます。

落ち込んでいる人を励ますのはよくないといわれていますが、必ずしもそうとは限りません。

自分がほしい言葉を、自分がほしい時にもらえると、人はうれしいものです。

しかし、励ましてもらうTPO（時・所・場合）を自分ではなかなか選べません。

いつも身近にいて自分のことをよく観ていてくれる家族や、親しい友人、職場の仲間からの励ましは、この「ほしい言葉」を「ほしい時」に届けてくれるタイミングが良くて、困難に耐えて努力する気力が高まることが多いのです。

逆に、心の距離が近いからこそ、重い励ましとなってしまい、さらりと流すことができずに、過剰な期待や負担となってのしかかってくることもあるわけです。

一方で、思いがけない時に、思いがけない人からの励ましを受けて元気が出ることもあります。

正解は1つとは限りません。

励まされる側は、相手と自分の関係や、自分の置かれた状況、心境によって、その励ましが、うれしかったり、うっとうしかったりするのです。

励ます側は、このことを忘れてはなりません。

答えを求めていない質問

ある人から、その人が置かれている困難な状況を切々と打ち明けられ、
「どうしたらいいのでしょうか」
と尋ねられたとします。

さて、どうしたらいいのでしょう。

「私だったら、このようにします」

と、自分なりの打開策を相手に伝えることが、1つの方法です。相手に自分の考えを押し付けるのではなく、選択肢としてこのような考え方や手段もありますが、いかがですか、と提示して相手の判断に委ねます。

その答えがベストか否かは分からなくても、1つの解決策を手に入れたと納得してもらえることもありますし、その答えは自分には向いていないが、貴重な時間を割いて考えてくれてありがたいと判断されることもあります。

ところが、的を射た答えを返せたと思われるのにもかかわらず、相手の顔には、何か

釈然としないものが浮かんでいる、納得できていないことが伝わってくることがあります。

自分がほしかった答えではなかった場合、たとえ、それが素晴らしい内容であっても、うれしくないことが人にはあるからです。

時として、正解が喜ばれるとは限りませんし、正解を求められているとも限らないのです。

相手は質問を発しているのに、その質問に対する正解を欲していないからです。

では、何を望んでいるのでしょうか。

それは、自分の心情を受け止めて共感してほしい、あるいは、なぐさめや励ましの言葉をかけてほしいのです。

見極めは難しいのですが、このような相手の思いに応えられたら、相手はほっとして信頼が増し、より本音のコミュニケーションに発展します。

第4章 言葉

情けは人のためならず

文化庁が実施した、平成22年度「国語に関する世論調査」によれば、「情けは人のためならず」ということわざの意味について、本来の意味とされる「人に情けをかけておくと、巡り巡って結局は自分のためになる」を選んだ人の割合は45・8％でした。

これに対して本来の意味ではない「人に情けをかけて助けてやることは、結局はその人のためにならない」を選択した人の割合は45・7％でした。

年齢別に見ると、20代30代では、本来の意味ではない「結局はその人のためにならない」を適切と判断した割合は、6割近くまで高くなります。

将来、誤用が定着すれば、もとの意味が遠くに追いやられてしまうことでしょう。

そのうちに「人のためにもならないが、自分のためにもならない」などという意味の用例も出現するかもしれません。

それはさておき、ここでは、「人に情けをかけておくと、巡り巡って結局は自分のためになる」という本来の解釈について、ホスピタリティの視点から考えてみることにします。

そもそも「情け」とは何かということをあらためて確認してみましょう。

『大辞林　第三版』では、「①他人に対する心づかい。哀れみや思いやりの感情。」と説明されています。他に、男女の愛情や風流の心などいくつかの意味が紹介されています。

ここでは、情けをかけるとは、人に親切にするという解釈が当てはまるようです。人を大切にするという点では、まさにホスピタリティの発揮といえます。

しかし、「結局は自分のためになる」ということは、いつかは己に返ってくるのだから無駄にはならないという打算も感じられます。打算が必ずしも悪いとはいえません。しかし、巡り巡って「自分のためになる」ということをことさらに意識する必要はありません。

相手も自分も大切にすることはホスピタリティ実践の基本的な視点ですが、見返りを求める時点で、ホスピタリティの考えとは相容れないものとなってしまいます。

それよりは、他人を思いやることによって、自らの人間性も高まるという解釈はいかがでしょうか。

残念ながら時として、相手の立場を考えているつもりでいながら、実は、自分の思い（思い込み）が先行してしまうことがあります。「情けも（過ぐれば）仇となる」事態となってしまうのです。

「おもいやり」から「押し付け」へと変わってしまうともいえます。

★都合の良いことわざ

女心と秋の空――

変わりやすいことの喩《たとえ》としてよく引用されることわざです。

実は、男心と秋の空、というのがもともとだったという説があります。どちらが正しいかと問われれば、どちらでもあり、どちらでもないような……。

ことわざには、この例のように、相反するものがあります。

また、同じことわざなのに正反対の意味で用いられることもあります。例えば、「犬も歩けば棒に当たる」は、何かをすれば災難にも遭いやすいという意図で使われる場合もあれば、逆に、思いがけない幸運に巡りあうという例示として用いられることもあります。

言いたいことを補強するために、都合よく引き合いに出されることわざは、真理を伝えているとは限りません。しかし、聞いた人が「そうかもしれない」と思ってくれれば、十分に効力を発揮したことになるのでしょう。

「おる」と「おられる」

「おる」という動詞はなかなかやっかいな言葉です。動詞としてだけではなく、補助動詞としても同じように面倒です。

「いる」と同じ意味で用いられることもあれば、「いる」の丁寧表現である「います」の謙譲表現として「おります」と使われることも多いのです。

辞書によっては、「おります」を丁寧語として解説しているものもあります。

さらにややこしいのは、「おられる」「おられます」の形で尊敬の言い方として用いられることです。

「おる」を謙譲語として用いている人は、「おられる」「おられます」に違和感があるでしょうし、あるいは、誤用であると判断もするでしょう。

他方、尊敬語としての使用例も実に多数あり、実態からも、また文法的にも尊敬表現として定着しています。

筆者は、「おられる」「おられます」の肯定派です。

が、用い方には神経を使います。

言葉の用い方全般にいえることですが、ある表現について違和感を覚える人がいるからです。自分の語彙や、自分の表現ではないときに感じる抵抗感といってもいいでしょう。

その表現について、おかしいと感じる人がいる可能性は常にあると意識しておいたほうが、円滑なコミュニケーションにつながります。

ふつうの話し合いは、言語の研究者の討議ではないので、文法的に正しいかどうかという議論よりも、その場にふさわしいか否かという観点が求められるのです。

ねぎらいは上から目線？

「御苦労さま」「御苦労さまでした」などという表現は、ねぎらいの言葉なので、目上の人に用いるのは失礼とされています。

辞書によれば、ねぎらうとは、「同等以下の人の苦労・尽力などを慰め、感謝する。」という意味です（大辞林　第三版）。

では、「お疲れさまでした」はどうでしょうか。

これもねぎらいの言葉と解釈されますが、「お疲れさまでした」を目上の人に用いるのはかまわないと感じている人が今日では多いようです。

文化庁が発表した平成17年度のアンケート結果（「国語に関する世論調査」）があります。

仕事が終わったときに、どのような言葉をかけるかという問いに対して、一緒に働いた人が、自分より職階が上の人の場合に、「お疲れさま（でした）」と言葉がけをする人が、69・2％でした。

これに対して、職階が上の人に「御苦労さま（でした）」と言う人は、15・1％でした。

この結果を見ると、今日では、「お疲れさまでした」は、目上の人に用いるのに定着しているようです。しかし、冒頭で触れたように、ねぎらいには違いないので、不自然に感じられる人がいるのもこれまた確かなのです。

では、ねぎらいではない、何か適切な表現はあるのかというと、なかなかぴったりとしたものがありません。

上司や先輩から、「お先に失礼します」と挨拶があったときに、「ありがとうございました」と応えるのは、何かぴんときません。「さようなら」や「また明日」も、どうでしょうか。「明日もよろしくお願いします」でも、なんとなくしっくりとこないようです。「どうもでした」は、少々くだけています。

難しい。

ということで、他にとって代わるものがなく、「お疲れさまでした」が多数決をもって市民権を得ているようです。

「よろしかった」はいけなかった？

飲食店などで注文の確認をされるときに、「ご注文は以上でよろしかったでしょうか」と問われることがあります。

その言い方は過去形なのでおかしいと考える方もいます。

確かに、「よろしかった」の「た」という助動詞には過去を表わす意味もあります。

しかし、「た」の意味はそれだけではありません。

例えば、停留所でバスを待っていて、「あ、来た来た」と言ったり、探していたものが見つかったときに、「あ、ここにあった」などと声にしたりもします。筆者はあるとき、手に持っていた鍵を探しまわって、「あっ、持ってた」とつぶやいたことがあります。

このような場合の「た」は、過去形としての用法ではなく、気づきの確認という意味となります。

仮に、おかしい、不自然だと自分が思うような表現でも、それが間違いであると断定することには、不要な摩擦を生じる危険が伴います。

「よろしかった」の場合は、文法的にも正しいという解釈も成り立つわけですから、なおさらです。

言語表現には、地域の文化背景も密接に関係してきます。

自分の中の常識と違うから、それは間違っていると思うことが、間違いのもとなのです。

そもそも人は生まれも育ちも違うという、大きな前提から、言葉や表現にかかる個人の「くせ」や解釈にいたるまで、違っていることが当たり前です。これを多様性といってもいいでしょう。

多様性を排除するのではなく、受け入れて生かす力こそが、いま求められているのです。

クッション言葉

言いにくいことを相手に伝えなければいけない場合には、さまざまな工夫を凝らすことが必要です。

例えば、お願いをするときは、ＴＰＯ（時・場所・場合や状況）を選ぶのも大事です。相手が忙しいときよりも、余裕があるときのほうがいいに決まっています。込み入った話をする場合には、周囲が静かであることも要件となるでしょう。

このように望ましいＴＰＯが得られることも話をうまく運ぶ要件ですが、話し方にも当然のことながら工夫が求められます。

相手に負担をかけるような話をする場合はなおさらです。例えば、面倒な依頼ごとや、相手の話をさえぎる時、反論する場合や、申し出を拒否する場合などは、なかなか気が重いものです。

このようなケースで、いわゆるクッション言葉が役立ちます。

文字通りクッション（衝撃を和らげるために間に置くもの＝緩衝材）の役割を果たす

言葉を指します。

これからする話を相手に受け止めてもらうための、前置きの言葉、下地づくりの言葉と言い表わすこともできます。

相手の時間や労力を費やし、あるいは出費を伴うような依頼をする場合に、何の前置きもなしにいきなり「何々をお願いします」と言うのは、唐突で不躾と思われても仕方がありません。伝えようによっては受けてもらえる依頼も、話し方ひとつで台なしになってしまいます。

このようなときに、

「恐れ入りますが」
「申し訳ございませんが」
「お差し支えなければ」
「厚かましいとは存じますが」
「勝手を申し上げますが」

という言葉を、前置きとして誠意を込めて用いることによって、相手が心を開いて聞いてくれる可能性が高まります。

（ははあ、言いにくいことを私に伝えなければならないのだな）

（何か依頼ごとがあるのだな）

と受け止めてくれ、表情からもそのことが察することができたならば、話す方も気持ちが楽になります。

また、相手の話を中断する場合にも、細やかな配慮が必要です。

そのようなときにもクッション言葉の出番です。

「お話の途中でまことに失礼ですが」

「話の腰を折るようで、申し訳ございませんが」

「せっかくお話しいただいているのに、まことに残念なのですが」

などと前置きをすれば、話の中断をやんわりと要望されたのだと相手は気づいてくれます。

先方の申し出を断るときにも、

「あいにくですが」

「大変ありがたいのですが」

「身に余るようなお話なのですが」

などとまず伝えてからお断りをするのが、礼を失しない態度でもあります。

新人のマナー研修の機会に、参加者に尋ねてみると、クッション言葉を使ったことがないという人が意外なほど多いのに驚かされます。

確かに前置きなしにずばりと本題に入ることが適切なこともありますが、多くの場合、相手への敬意、配慮の表わし方として、クッション言葉を用いたほうがはるかにその後の進行がスムーズになります。

使い慣れていない方は、まず、自分でよどみなく言えそうな言葉を選んで、積極的に練習してみることをお薦めします。

表現の引き出しが増えて、コミュニケーションに幅ができます。

ぜひ、お試しください。

与える・もらう

スポーツ観戦で感動することが多々あります。
演劇でも、音楽でも、強く心を揺さぶられることがあります。
もちろん、日常生活の中でも心を奪われることがあります。思いもしなかった出来事に接して感動をもらう場面も少なくありません。私は、コミックを読んでも涙が出てとまらないことがあります。涙腺がゆるいとの見方もあるのですが……。

それはさておき、感動をもらうほうではなく、（結果として）感動のつくり手・送り手となる側の人が、「みなさんに感動を与えたい」と口にすることがあります。

観たり聴いたりした人が、強い歓びや充足感を得るくらいの状態をつくりたい、演じたいという意図なのでしょうが、何かしらの違和感を覚えます。

それは、与えるという言葉に原因があるようです。

与えるには、他者に何らかの影響を及ぼすという意味があり、例えば「ショックを与える」「損害を与える」などと用いられます。が、より一般的には、自分の所有する物を目下の相手に渡して所有させるという意味があります。子どもに絵本を与えたり、部下に権限を与えたりすることなどがその例です。授ける、やる、といった言葉に近いものがあります。

もっとも、古くは目上の相手に渡す場合にも用いられたそうですから、一概に上から下へと決めつけるのも問題はありますが、いわゆる上から目線と受け取られるおそれは十分です。

与えるともらうという言葉について、とても印象に残っている文章があります。

三浦しをんさんの『まほろ駅前多田便利軒』（文春文庫）という作品に次のような箇所があります。冒頭のはるは子どもの名前です。

「はるのおかげで、私たちははじめて知ることができました。愛情というのは与えるものではなく、愛したいと感じる気持ちを、相手からもらうことをいうのだと」

人のために何かをやってやるのではなく、人のためにできる何かを通じて、逆に自分が大切なものを手に入れるという考え方です。

やる・あげる・さしあげる

本来は普通に用いられて問題もなかったのに、いつの間にか不当な扱いを受けている言葉があります。「やる」は、その典型例です。

「犬に餌をやる」

という表現を違和感なく使える人と、そうでない人がいます。

動植物に餌や水を与える言葉として「やる」は普通の言葉でしたが、「やる」の代わりに、

「花に水をあげる」

と、「あげる」を用いる人も多い状況です。

「やる」は語感が良くないとされることがあるからでしょう。確かに、劇画や小説で「殺る」と書いて、「やる」とルビを振っているものもあります。「やってしまえ」という言い方もあります。

そのせいか、可愛がっているペットや花に水を「やる」のは気が引けて、「あげる」

となるのでしょう。身近なものに親しみを込めるという意味からは、適切であるといってもいいのでしょうが、この使用方法に首をかしげる人がいることもまた事実です。

自分が好きなものを擬人化して、それに丁寧な言葉を用いることは、賛否両論ながらも、市民権を得つつあるというところなのでしょう。気持ちの反映ともいえますが、もともとは謙譲表現に使われていた「あげる」のような言葉が、丁寧表現に変化しているのです。同じような変化で典型的なものは「いただく」です。レストランの紹介などで、料理を褒め、「温かいうちにいただきたい」「大切な人と一緒にいただきたい」などと書かれることが増えてきました。筆者の感覚では、この表現は勘弁して「いただきたい」のですが、使用例はどんどん増えています。

話を戻しますと、謙譲表現から丁寧表現に重心が移ってしまったために、これまでは相手に対する敬意表現として用いても不自然ではなかった「あげる」が、なんとなくふさわしくないように感じられていきます。

「近くまで送ってあげます」は、相手次第ですが、敬意を表す許容範囲内でしょうか。目上の人には、やや使いにくいところです。

「先生にこれをあげます」は、昔なら自然だったかもしれませんが、今日では、やや敬意に欠けるとみなされそうです。

替りに「差し上げます」が一般的になりつつあります。「お礼の品を差し上げる」「ご連絡を差し上げる」等が、普通の謙譲表現として定着しています。

物や気持ちの動きに例えるなら、「やる」は並行移動ないしは、下方への移動です。「あげる」は、並行から、やや上向きで、「差し上げる」は上向きから垂直に近い移動といったところでしょうか。

第5章 仕事に生かすホスピタリティ

サービスとホスピタリティ

サービスとホスピタリティの違いや、共通点について考えてみます。

まず、サービスですが、辞書では次のように定義しています。

・相手のために気を配って尽くすこと。

・品物を売るとき、値引きをしたり景品をつけたりして、客の便宜を図ること。

・物質的財貨を生産する労働以外の労働。具体的には運輸・通信・教育などにかかわる労働で、第三次産業に属する。用役。役務。

（大辞林　第三版より抜粋）

それでは、ホスピタリティとは何かをあらためて確認してみます。

ホスピタリティとは、「まごころを伴った言動」です。

相手を大切に思い、相手の立場に配慮する「おもいやり」、相手も自分も大事にする「人間尊重」、違いを認め、受け止め、違いを生かす「多様性の受容」が、ホスピタリティ・マインドです。（一般社団法人ホスピタリティ機構）

ホスピタリティ・マインドを実際に言動に移すことが、ホスピタリティの実践です。
他にも、ホスピタリティについての解釈はたくさんありますが、辞書の定義を次に確認してみます。

・丁重なもてなし。また、もてなしの心。

（大辞林　第三版）

では「もてなし」とは何かを、同じ辞書から引いてみます。

・客に対する扱い。待遇。
・客に出す御馳走。接待。
・人や物事に対する振る舞い方。態度。
・物事に対する扱い。とりはからい。処置。

（大辞林　第三版より抜粋）

言葉の定義をはっきりとさせることは、考えや行動を進めるうえで大切なことですが、より重要なことは、その言葉を鍵とした自身の思考・行動です。
講演などの機会に私がお伝えすることは、前述のような説明・解釈の中から、お一人おひとりの言葉で、御自身のホスピタリティの解釈をつくっていただきたいということです。

自分が用いる言葉については、自分の頭の中の「国語辞書」にどのように整理して活用するかということが、自分の考えの整理や相手への伝達のために欠かせません。「この説明は自分にぴったりとはまる」、あるいは、「このような解釈は自分の感覚とは合わない」など、取捨選択しながら、自分が納得できる定義をつくることも大変に意味があることと考えます。

もちろん、私自身は一般社団法人ホスピタリティ機構の解釈がぴったりとしています。それを人に伝達するのは1つのコミュニケーションなのですが、この解釈を押し付けるのは筋違いです。

人それぞれが、異なった解釈を持っているという前提に立ってコミュニケーションを図ることが、ここでも重要になっています。まさに、文字通り、「違いを認め、受け止め、生かす」ことがポイントなのだと考えます。

このように、それぞれの言葉の持つ意味をはっきりとさせて、共通点と違いを分けて、考えを整理したうえで、はじめて、ホスピタリティとサービスについてのバランスを図っていけます。

私自身は思考の整理のために、サービスは主に仕事、商売の用語として使っています。対して、ホスピタリティは広く人間関係の質の向上、立ち居振る舞い、品格に関わるキーワードとして位置づけています。考え方として、サービスは上下関係、ホスピタリティは並行（対等）関係とする人もいます。

サービスとホスピタリティのどちらがよいかなどと比べる必要はありません。

良質な仕事を遂行するためには、言い換えれば、よいサービスを提供するためには、ホスピタリティが力を発揮するというのが、私の考えです。

競争から共創へ

ビジネスを展開するときに、同じ分野での競争が生まれます。

競合他社が存在しない分野もまれには存在しますが、一般的には、いわゆる同業者が競争を繰り広げています。

売り手として、他社に勝るサービスや製品を目指して競い、結果として、買い手が、よりよい商品を、より安く手に入れられる状態は、お客さま満足にもつながります。この点で、競争にはホスピタリティ発揮の芽があるといえるでしょう。

競争の良さは、競うことで互いの意識や技能や効率が向上することです。互いに真剣であり誠実である競争は社会の活力源となります。

お客さまによりよいサービスや製品を提供するためには、相手の立場への配慮が欠かせません。受け手にとって心地よいサービスであるか、使い勝手がよい製品であるか、経済的負担が少ないか等について意識が向いているということは、ホスピタリティの発揮につながっていきます。

一方で、競争のマイナス面に目を向けると、まず、結果を重視し過ぎて、長期的な共存関係を損なってしまうおそれがあります。加えて、敵・味方という考え方に偏りがちであることがあげられます。それは、得てして「勝者」と「敗者」に分かれてしまいます。

ゲームやスポーツ、勝負事では「勝者」と「敗者」が鮮明になることは、不自然なことではありません。

しかし、このような勝負の世界でさえも長期的には、ライバルとの共存が、より高いレベルへとつながっていきます。

互いに認め合う好敵手、言い換えれば、尊敬し合える相手との間には、共に前進するという接点ができるのです。

逆に、相手の邪魔をしたり、失敗を願ったりするような意識・姿勢からは、長期的に見て良い結果は生じません。

共に前進するという考え方を、もう少し先に進めると、「共創」に行き着きます。

共創とは、互いの価値観を認め合い、相互の信頼のもとに新しい価値をつくり上げていくことです。

スポーツの場合には、より高度な技の応酬や、スリリングな展開、観ている人を魅了し感動を生むような状況をつくり出します。

苦労してたどりついた、人の心をつかむようなパフォーマンスは、戦う双方がＷｉｎを得るといえます。いわゆる「Ｗｉｎ―Ｗｉｎ」の関係です。

ビジネスでいえば、単なるライバル企業という関係ではなく、相互に切磋琢磨して、競いつつも共に知恵を出し合い、よりよいモノやサービスをつくり上げていくことになります。

競い合うことで業界全体のレベルがあがり、それによって買い手も含めた社会全体が潤うような状況が望ましい。企業の社会貢献の第一歩は、自らの経済活動によって社会に活力を提供することであるともいえるのです。

共創することによって、互いにそれまでは気づかなかった潜在的ニーズが明らかになる場合もあり得ます。それが新しいサービスや製品の開発に発展する可能性も大きいのです。

このような状況が、まさに「Ｗｉｎ－Ｗｉｎ」の関係です。

共に何事かを成し遂げることで、人間関係の質が高まることも含め、共創することによって「Ｗｉｎ－Ｗｉｎ」が生まれます。

ＥＳなければＣＳなし

ＥＳ（Employee Satisfaction）とは、従業員満足のことです。

従業員がいてはじめて事業が成り立つのだから、その従業員（スタッフ）の満足（仕事への意欲、達成感や充足感、報酬、ポストなど）が得られなければ、お客さまに納得いただける価値を提供できないという考え方です。

ＣＳ（Customer Satisfaction）とは、顧客満足を意味します。

お客さまが事業を支えてくださるのだから、そのお客さまが、提供された価値（サービス、製品、利益、環境など）に満足してはじめて、事業が継続・発展するという考え方です。

組織トップの表現の仕方によって、「ＣＳ」が最優先であったり、「ＥＳ」こそが第一であると標榜されたりします。

にわとりが先か卵が先かという議論にも似ています。

私の結論は、「ＥＳなければＣＳなし」です。

例えば、お客さまが飲食店に入ったときに感じる雰囲気、店の空気は、人と環境がつくっているものです。

環境への配慮も、人が行うものです。

心地よい空間づくりに、スタッフが自主的に心を砕いて動けばこそ、掃除も行き届き、「また来たい」と思っていただける店となります。

もちろん、各自が考えることなくマニュアルに沿って、清掃や接遇を行うことも可能です。しかし、それだけでは、お客さまに心地よい環境と、過不足のないサービスを提供することはできません。

マニュアルに書かれている事柄が、なぜ求められるのか、何のためにそのようにすべきなのかを、スタッフ一人ひとりが考え、納得して、言動に移してこそ、マニュアルが生かされます。

スタッフもお客さまも対等の人間であるという、基本を忘れないことが大事です。

お客さまの反応や支持はＥＳに影響力を持ち、従業員のやる気や熟練は、ＣＳに直結します。よい店（組織）は、ＥＳとＣＳと共に成長・発展します。

パワハラ対策と正面から向き合う

平成24年1月30日、厚生労働省労働基準局から、職場のいじめ・嫌がらせ問題に関する円卓会議ワーキング・グループ報告が発表されました。

それには、パワーハラスメント（パワハラ）について以下の定義がなされています。

「職場のパワーハラスメントとは、同じ職場で働く者に対して、職務上の地位や人間関係などの職場内の優位性（※）を背景に、業務の適正な範囲を超えて、精神的・身体的苦痛を与える又は職場環境を悪化させる行為をいう。」

引用分中にある※印については、注として次の補足があります。

「上司から部下に行われるものだけでなく、先輩・後輩間や同僚間、さらには部下から上司に対して様々な優位性を背景に行われるものも含まれる。」

つまり、私的報復、私的感情を満足させるための威嚇的言動や、業務の指揮監督としては社会的相当性を欠いた懲罰に等しい業務命令などはパワハラにあたるのです。また、パワハラは、役職の下位者から上位者へも、同僚同士でもあり得るということです。

ハラスメントは、いじめ・嫌がらせと定義できますが、本質は「人権侵害と、能力発揮の妨害」です。能力発揮の妨害は、人権侵害でもありますが、同時に、組織力の低下をもたらすものでもあります。

パワハラだけではなく、セクシュアルハラスメント（セクハラ）も含め、ハラスメントのある職場は、得てして、コミュニケーションも滞り、風通しの悪い環境となります。

さらに、ハラスメントのある組織は社会から制裁を受けることも忘れてはなりません。

裁判で争われ、ハラスメントの責任を認定されるケースも増加しています。

被害者は傷つき、組織もまた被害を受け、しかも罰せられる。加害者は本人が罰せられ、おまけに家族が傷つき、組織も傷つく。さらにいえば、ハラスメントの存在自体が、「社会の成長の妨げ」となるのです。

では、どのようにするのがよいでしょうか。

根本的には、人への敬意の欠如がハラスメントを生むわけですから、互いに職場での役割や立場を超えた敬意を持ち、良好なコミュニケーションを図ることが欠かせません。

言い換えれば、ホスピタリティの実践が求められているのです。

残念なことに、実際にパワハラ対策が進んでいるところは、多くはないようです。

適正な業務遂行と人材育成のためになされる指導・注意と、パワハラの境目が、あいまいになりがちだからです。

1つの方法として、業務上の指導・注意とパワハラとの境界を、組織として明確に線引きを図り、共通認識をつくることがあげられます。

組織の共通言語として、「指導」「注意」「ハラスメント」の定義と具体例を自分たちの言葉で共有することが重要なポイントです。認識を共有する努力の中で、当然コミュニケーションが必要ですし、互いの気持ちを理解し合うことが、ハラスメント防止という「消極的」な面だけではなく、それぞれの個性や長所に気づき、円滑な組織運営と組織力の向上という「積極的」な面でもプラスになるからです。

言うは易く行うは難し、です。しかし、何もやらないよりは、はるかにマシなのです。ハラスメント防止の取り組み、コミュニケーションの努力から生まれてくる成果は必ずあるはずです。

冒頭に紹介した厚生労働省労働基準局から発表された報告の中に、ある企業の人事担当役員の言葉が引用されています。

「全ての社員が家に帰れば自慢の娘であり、息子であり、尊敬されるべきお父さんであり、お母さんだ。そんな人たちを職場のハラスメントなんかでうつに至らしめたり苦しめたりしていいわけがないだろう。」

職場は人を生かす場であることを、決して忘れないことです。

ハラハラしない

人権侵害と、能力発揮の妨害であるハラスメントは、パワハラやセクハラに限りません。数例をあげれば、ジェンダーハラスメント、アカデミックハラスメント、アルコールハラスメント、ブラッドタイプハラスメント、スモークハラスメント、ドクターハラスメント、マタニティハラスメントなどがあります。

ジェンダーハラスメントとは、性的な言動とはみなされなくても、性差について固定的な「らしさ」を当てはめようとする差別的な言動のことです。「男のくせに情けない」「女らしくない」「お茶出しは女性の仕事」から「おじさん」「おばさん」まで幅広く該当します。

アカデミックハラスメント（アカハラ）とは、大学などアカデミックな職場で、教授や教職員が権力を濫用して学生や配下の教員に対して行う、嫌がらせ行為を指します。

過去に、北海道の大学でアカハラにあたる言動があったとして教授ら5人が停職や戒告の懲戒処分をされた事例等もあります。

アルコールハラスメント（アルハラ）は、アルコール飲料に関するあらゆる不適切な言動です。「上司の勧める酒が飲めないのか」などという強要から、飲めない人への配慮を欠く態度や動作、酔ったうえでの迷惑行為等があります。

ブラッドタイプハラスメント（ブラハラ）は、血液型で人の性格を判定するという差別・いじめです。「いい加減な性格」「二重人格」などと勝手に決めつけられて傷つく人の気持ちは、どんなにか残念で悔しいか、想像しなければなりません。

パワハラ対策の項で述べたように、ハラスメントを起こさないためには、人への敬意に根差したホスピタリティの実践が不可欠なのです。

さて、セクハラは、男女雇用機会均等法という法律があり、厚生労働省による指針も出されています。パワハラは、厚生労働省労働基準局から、職場のいじめ・嫌がらせ問題に関する円卓会議ワーキング・グループ報告が出されました。この2つのハラスメントについては裁判事例も、残念な事実ではありますが、増えており、判断の基準も徐々にですが明確になりつつあります。

けれども、他のハラスメントについては、この2つよりさらに曖昧な部分も多く、それぞれの職場や個々人の姿勢によって大きく左右します。

どのような種類であろうとも、あってはならないのがハラスメントです。それは、いくら強調しても、し過ぎることはありません。

ところが、何をもってハラスメントと判断するかということについてしっかりと確認しておかなければ、ハラスメント対策はかけ声だけとなってしまい、実効をあげることができません。

パワハラ対策の項で触れたように、共通の認識を持つためにはコミュニケーションが欠かせません。

コミュニケーションが足りない風通しの悪い職場では、気に入らないことがあると、

「それってハラスメントですよ」

とハラスメントを逆手に取って、上司や先輩をいじめることも可能なのです。一方的に被害を受けたと主張することによって、冤罪に近い事件も起こり得るのです。

自分がハラスメントを受けたといって、相手にハラスメントをする、いわばハラハラです。

役職による上下関係は当然あったとしても、人間として対等であることを前提に、互いにホスピタリティを発揮することによって、このような、はらはらする事態は避けなければいけません。

2つのＷｉｎから3つのＷｉｎへ

Ｗｉｎという言葉は、勝利するという意味と、同時に、「人の心をつかむ」「努力して成功する」などの意味を持っています。

相手と自分が共に利益を手に入れることや、互いに満足感や達成感等を得ることが、いわゆるＷｉｎ―Ｗｉｎの関係と呼ばれるものです。

ビジネスにおいては、このＷｉｎ―Ｗｉｎの関係が成功の秘訣であるといわれます。

しかしながら、自社と取引先、あるいは自社と株主など1対1の関係で完結するという状況はほとんどないのが実際です。

したがって、自分と相手（2つのＷｉｎ）だけではなく、周辺の関係者や、第三者の理解や支持を得ることも求められる状況が多くなっています。

これが3つのＷｉｎ（Ｗｉｎ―Ｗｉｎ―Ｗｉｎの関係）が望まれる理由です。

3番目のＷｉｎには、近い関係にある周囲ばかりではなく、広く地域社会も含まれます。

例えば、介護サービスにおける利用者の送迎を見てみましょう。

利用者にとっては、自宅とデイサービスなどの施設との往復は、安全や便利の提供を受けるものです。送迎する立場からは、利用者すなわちお客さまに満足してもらう一連の事業の一部として位置づけられます。ここでは両者にＷｉｎが存在します。

ところが、ここに地域の住民の視点を入れるといかがでしょう。送迎のためには、利用者の住まいの前や近辺に一時的に駐車が必要です。このときに、直接関わっていない住民からどのように見えるかという点です。

訪問介護の場合には、さらに駐車時間が長くなります。

このときに、「この地域は介護サービスが充実していて、高齢者にとって住みやすい町だ」と感じてもらえるのか、反対に、「いつも、決まった時間に道路を塞いで、邪魔だな」と思われてしまうか、天と地ほどの差が生じます。実際に、訪問介護時の駐車に関して近隣の住民とのトラブルが発生したこともあります。

地域の人たちから理解や支援が得られる状況が、３番目のＷｉｎなのです。そのためには、利用者だけに目を向けるのではなく、地域社会とのコミュニケーションを図ることが不可欠です。

第3のWinには、場合によって国際社会や地球環境を守ることまでが考えられます。私たちは自然環境に支えられて生きているわけですし、国際化の進んでいる現在では、1つの地域や国の変化・動向が多かれ少なかれ国際情勢につながっていきます。

このように考えると、3つのWin（Win―Win―Winの関係）という視点がいかに重要であるかが明らかです。

★「三方よし」　近江商人の経営理念

近江商人の商法に共通するのは、遠い地域間の価格差を利用した点と、お客さまの利益を優先した薄利の商いでした。目先の高利益よりも、息の長い商取引、ひいては継続した収益を目指しました。そのためには、自分たちも儲かるが同時にお客さまの利益になることを、心がけました。

さらに、商売先の地域社会（世間）に貢献するという高い社会性を持っていたことが特徴です。例えば、大雨で道路が壊れたときに、率先して補修費を拠出するなどしましたし、また、自分が商品を売った先の産物を買い求め、その地元にもお金を還流させました。

もちろん、他の地域に持っていけば売り捌けるという、したたかな読みもあったはずですが、近江商人が地元の産物を購入することで地域経済が潤ったことは事実です。

このように、「売り手よし、買い手よし、世間よし」という理念が、いわゆる「三方よし」です。「三方よし」は、現代性・社会性を兼ね備えた、Ｗｉｎ－Ｗｉｎ－Ｗｉｎといえるのです。

文楽に学ぶチームワークのあり方

江戸時代から続く大阪の伝統芸能である人形浄瑠璃文楽《ぶんらく》（以下、文楽と称します）を鑑賞していると、あることに気づきます。

文楽は、太夫《たゆう》・三味線・人形が一体となって進行する芸術ですが、見た目は、互いに連携をとっていないのです。オーケストラの指揮者のような役割を果たす人がいません。それでいながら、調和のとれた舞台になっているのです。

舞台の上手に太夫と三味線が座り、太夫は義太夫節と呼ばれる節回しで語っていきます。

隣に座る三味線の奏者は、太夫の語りと一緒に、あるいは先に、あるいは後からというふうに自在に演奏をします。両者が視線を交わしたりはしません。息が合っているとしかいいようのないハーモニーなのです。

一方、舞台正面では、人形一体が3人の人形遣いに操られるという驚きの人形劇が展開されます。1メートルにも満たないような人形が3人の大人に命を吹き込まれ、大きな存在感をもって観客を魅了します。主役クラスの人形遣いは、袴姿で自分の顔を隠さずに人形を操ります。

はじめてご覧になる方の中には、違和感を覚える人もいるようですが、じきに、人間よりも人間らしく生き生きと動きだす人形に目を奪われていきます。

舞台上手の太夫と三味線は、舞台の人形の動きには、まったく目をやりません。それでいながら、太夫・三味線・人形が絶妙の調和を生み出しています。

この高い芸術性から、２００３年には、ユネスコの無形文化遺産に登録もされています。

さて、この文楽の舞台は、チームワークの究極の姿の１つであるといっても、決して大袈裟な表現ではありません。

互いの動作を確認しないのに、文字通り、三位一体で進行する秘訣は何でしょうか。

太夫・三味線・人形の3者は、お客さまに喜んでもらえるよい舞台に仕上げるという共通の目標に向かって互いを信頼し、それぞれの役割に徹しています。

それぞれが、次に何をやるかを知っていて、同時に、息を感じ取って、動作に移しています。

人形に焦点を当ててみれば、主遣《おもづか》いと呼ばれる中心的な人形遣いが、首《かしら》と右手を、左遣いが左手を、足遣いが脚を操作します。自分たちの体より小さい人形の後ろや脇から操って、互いに邪魔をせず、客に人形の「表情・演技」を創り出していきます。

日頃の修行の積み重ねで、3者の呼吸が合っているからできることです。

演目によっては、人物（人形）が多数登場するため、舞台が、人形遣いであふれるような場面もあります。が、そのような時でも、実に円滑に体をさばいて、なんら違和感が生まれません。

次に何をやるのかを、太夫・三味線・人形遣いの全員がしっかりと承知しています。どのようにやるのかについても、互いが理解しています。なぜそれが行われ、やればどうなるのかを、全員がイメージできています。これらの要件はすべて、チームワークに欠かせないものです。

目標、手段、理由、効果、役割などを明確に意識し、信頼で結ばれているからこそ、素晴らしい作品に仕上がるのです。

大道具、小道具担当などの裏方さんも含めて、組織力とチームワークによっていい仕事は成り立っているといえます。

文楽に限らず、どのようなビジネスにおいても、このようなチームワークが発揮されたら、いい仕事ができます。

仕事に関わる一人ひとりが、共通の言語を持ち、共通のゴールをイメージできているからこそ、不測の事態にも対応できます。あまり起きてほしくはありませんが、文楽では、高齢の太夫や三味線奏者が舞台の最中に倒れることもあります。そのような時でも、すぐに誰かが代わりを受け持ち、劇は続けられます。すさまじいばかりのプロ意識です。

蛇足になりますが、文楽を鑑賞するときには、仕事のことを忘れて楽しむのが一番のようです。

クレームと積極的に向き合う

お客さまからクレームを受けるのは、気が重いものです。できれば担当したくないというのが、偽らざる気持ちでしょう。苦情の電話が2回続くと、その次にかかってきた電話に手が伸びなくなることさえあります。

なんとかクレームが起こらないようにしたいと、あらゆるビジネスの分野で努力が重ねられています。

けれども、クレーム発生をゼロにすることと、クレームに積極的に対応することとを比べれば、クレームに向き合うほうがより建設的とも考えられます。

クレームをまったくなくすということは、ビジネスにおいて、守りの姿勢となってしまい、進歩も冒険もしないということになりかねません。

積極的にサービスの提供や製品の開発を進めれば進めるほど、そこにお客さまからの要望、または不満・苦情を受ける可能性が高くなります。その要望や、不満、苦情に向き合って、受け止めたクレームを活用してこそ、その次のステップとして、より高いレベルの商品開発へとつながっていきます。

お客さまからクレームを受けたら、「うちを見限らずに、よそで批判することなく、直接伝えてくださった」と感謝できるような心構えが必要です。失いかけたお客さまの信頼を挽回するチャンスを得たと思えれば、クレームはありがたいメッセージなのです。まごころを込めて迅速に対応して、相手の不満を、満足や、より篤い信頼に変えられるチャンスなのです。

クレームを受けたら、まずは不快な思いをさせてしまったことに対してお詫びをすべきです。

事実関係を確認せずに謝罪をすべきではないという考えもあります。後々、不幸にして訴訟になった場合に、「あの時、そちらは非を認めて謝罪したではないか」という火種になることを危惧する人もいます。これも、もっともな見方です。

しかし、具体的な内容についての謝罪ではなく、話の出発点として、不快な思いの原因となったことについての謝罪と、不快な思いをストレートにぶつけてくださった事実に対して感謝をすることは、組織の姿勢として鮮明にしてよいと考えます。

悪意あるクレームからスタッフを守る

クレームはお客さまからのありがたいメッセージです。しかし、悪意のあるクレーマーからの攻撃は、断固とした姿勢で立ち向かうことが必要です。

誠意の伝わる余地がないくらい相手が悪意をもって向かってきた場合、組織としてなすべきことは、スタッフを守ることです。スタッフを守る姿勢を組織内部にも、対外的にも明確にすることです。

運悪く、悪意に満ちたクレームに対応せざるを得なかった担当者は、柔軟にかつ毅然とした態度を保つことが大切です。そのうえで、早いタイミングで上司に引き継ぐことです。

上司も、担当者の様子を注意深く見守り、介入の時機を外さないように注意しなければなりません。

あまりに悪質な攻撃は、クレームの範疇を超えて、業務妨害となります。法的な対抗措置も視野に入れて、組織として慎重に対応することが肝要であり、窓口や、第一次対応者に任せきりにしてはいけません。

スタッフのメンタルヘルスの観点からも考慮して、スタッフが自分はこの組織に所属していて独りではないと、はっきりと感じられるように周囲が温かく包み込むことが求められます。

まさに危機（悪意ある個人・組織への攻撃）を機会（組織の団結とスタッフの安心の再確認）に変えることができます。

ないほうがいいに決まっている、悪意あるクレームも、組織の団結を強めたり、スタッフの居場所を確かめたりする機会にはできるのです。

付言すれば、クレームに悪意があるか否かは、くれぐれも慎重に見極めなければなりません。単に語調がきついからといって、悪意あるクレーマーとみなすことは、逆に相手に失礼になりかねません。

客力をつけよう

お客さまが納得してくださる製品やサービスを提供するために、日夜心を砕いている数多くの企業の努力によって、日本の商品はとても高い水準にあります。

介護や観光、運輸、整体、マッサージ等、サービス自体が商品である場合もあれば、取扱い説明・配送・取り付け・保守点検等の、製品に付随するサービスもあり、あるいはレストランにおける料理・スタッフの応対・居心地の良い時間と空間の提供のように総合的なサービスとして商品を構成しているものまで含めて、ここではサービスと一括したうえで、商品という範疇に入れます。

さて、たくさんの商品は顧客満足や、さらに進めて顧客感動までも視野に入れて開発されていますが、受け手である「客」としてはどのような役割を演じているのでしょうか。

ホスピタリティの考え方でいえば、客もまた、商品のレベルアップに力を貸すことで、さらによいサービスと製品が生まれます。プラスの循環による価値の共創であり、Ｗｉ ｎ－Ｗｉｎの関係構築です。

商品への要望、感想、あるいは苦情も含めて、客から売り手にメッセージを発信することも価値の共創につながる力の発揮です。この意味では、客は企業のコンサルタントとしての役割を果たしています。

しかも、コンサルタントのほうがお金を払っているわけです。企業が客の声に耳を傾けることがいかに大事か、おのずと明らかです。

では、客としては、自分で費用負担して企業を支えているだけかといえば、もちろん違います。

買い手として売り手を支えていることは確かですが、それ以上に、商品によって楽しんだり楽ができたりと、恩恵をこうむっています。そうでなければ、その商品は売れません。

客は商品によって、滋養分を補給し、見聞を広め、解放感を味わい、便利さを手に入れ、（介護医療等による）心身のメンテナンスを行うなどして、自分自身の有形無形の財産を増やしたり、磨きをかけたり、修復したりします。

言い換えれば、商品を楽しむ力を養うことによって、商品の価値をいっそう引き出せるのです。

それは、もてなしを受ける場合の客についてもあてはまります。先方の心づかいを受け止め喜ぶ力、供された料理の魅力や味わいを見出す力、自分だけではなく周りも楽しませる力、次回につなげる力などを総合して、筆者は「客力」と呼んでいます。

脚力ならぬ客力をつけたほうが、商品としてのサービスを楽しめるのは間違いありません。体力・脚力が、客力をいっそう高めることも確かです。サービスばかりではなく、製品そのものの使い勝手や、価格、耐久性などについても同様であることは無論です。

残念なことに、自分は客だから偉いのだと勘違いをしてしまう人もいます。ひどい場合には、金さえ払えば何をしてもいいなどと口にする人までいます。客力が成熟していません。このような発言は、「儲かるならば何をしてもいいのだ」と誠実さに欠けた企業が言うのと根っこは同じなのです。

売り手も買い手も人間としては対等であるというのがホスピタリティの考え方です。対等である人間同士が、異なる役割を演じた結果、一方は「客」としても尊重されるのです。

互いに、卑屈にならず、威張ることなく、敬意をもって、商品を通じて社会の発展に関わることができたならば幸いです。

居酒屋で仕事の話

気分転換に飲む酒、憂さ晴らしに飲む酒、ただアルコールが欲しくて飲む酒、おごられるので付き合って飲む酒など、人が居酒屋に入る事情はそれぞれです。

その居酒屋で仕事の話をする人がけっこういます。

自社の名前、取引先の会社名や担当者の名前、仕事の中身まで酒の肴にされていることがあります。

本人たちは声を潜めているつもりでも、酒が入るといつの間にか、ボリュームは大きくなって、隣のテーブルはおろか、かなり遠くまで話の内容が伝わっていることがあります。

周りも酔っているから安心かというとそうでもありません。

アルコールは受けつけないが、酒宴は嫌いではないという人もいますし、酔いの度合いによっては、案外記憶に残るものです。

もちろん、何を話そうと本来は自由です。しかし、守秘義務や、危機管理、さらには会社の信用や評判という視点で考えてみると、問題が多々あります。

「あそこの会社は、取引先の名前や情報を安易に外に漏らすところだな」と周囲の客に思われては、毎日懸命に働いている同僚に申し訳が立ちませんし、何より、信用を失うことに他なりません。

仕事の自慢話も同様です。

俺が俺が、という話が膨らんでくると、ついつい言わなくてもいいことまで暴露してしまい、結果として同僚や上司の悪口にまで発展することがあります。

「だからよ、それはおかしいですよ、って○○課長に言ってやったんだよ、俺。けどな、あいつわかってねえんだよ、ほんと」などと、○○と実名入りで語ったりします。

「ふーん、そんな上司がいるのか」

などと、関係のない人にまで情報が流れていきます。

いや、無関係ならまだしも、話題になっている方の知人であったり、家族であったりする可能性さえあります。知り合いや身内がけなされていたら、どのように感じるでしょうか。

昼時に街中の食堂で、ある旅行代理店の制服をきた数名の人が、仕事の内輪話で盛り上がっているのに居合わせたことがあります。どちらかといえば耳は良くないのですが、隣の席で普通に会話をされたら、さすがに聞こえてきます。耳栓をして食事をするのもけっこう鬱陶しいものですし、その時は耳栓を持ってはいませんでした。

「なんと無防備な……」

これがその時の感想です。

制服は組織の看板です。その看板を背負って、社外で内部の噂話など、もってのほかです。この調子だと、居酒屋に行っても仕事の話が自然に出ているのだろうな、と余計なことまで想像してしまった記憶があります。

かく言う私も、飲食店で仕事の話をすることがあるので、あまり偉そうなことは言えません。

日中に会えなかった人と、運よく同席できて、仕事関連の話が弾むこともあります。いま、この機会を逃すと、しばらく会えない、直接伝えるチャンスがない、という局面もあります。

そういう、やむを得ない場合には、小さな声で話す、具体的な名前はできるだけあげないようにする等、最低限の気づかいが必要です。

酒が入ったら、仕事の話はサケるのが無難です。

緊張感を友として

人の前で話すときに緊張してしまう、試験の前にあがってしまって足が地につかない、などという悩みは誰にでもあると思います。

私も、講演や研修をお引き受けした場合には、開始直前まで緊張が解けることはありません。おまけに、はじまってからも緊張感は続きます。

緊張感をなくすために良い方法はありませんかと尋ねられることがたびたびあります。私から緊張が感じられないので、そのコツを知りたいといわれるのです。けれども、いま述べたように、つねに緊張しています。ですから、残念ながら、その人にぴったりの答えはなかなか見つけられません。正解は1つとは限らず、一人ひとりの個性や状況が異なれば、おのずと解決策も違ってくるはずです。

しかし、一般論として次のようにお伝えすることはあります。

まず、緊張すること自体は悪いことではない、という点です。

なぜなら、真剣である証拠だからです。

自分がこれから立ち向かう、試験や、人前で話すことに、誠実に向き合っているからこそ緊張し、悩むのです。

そのように状況を解釈したうえで、緊張が消えなければ、緊張を「友」として認め、受け入れ、生かせばいいのです。

私は、いつも緊張を感じていますが、前述のように緊張している自分を前向きに評価します。ものごとに真面目に対応しようとしているから、神経を集中し、結果的に緊張しているという点に着目し、「もう一人の自分」を想像（創造）し、自分の斜め後ろの上空から冷静に観察します。

もう一人の自分をつくって客観的に自分を見つめる練習をするのは、窮地に立たされたときや、状況がよく把握できない場合にも役立ちます

決してオカルト的なものではなく、あくまでも、心持ちの範囲でやってみてください。分身の術ではないので、くれぐれも、御注意を。

考え方として、逆に、緊張を感じなくなったら、堕落や衰退のはじまりかもしれないと、むしろ心配したほうがよいと思います。

叱ると怒る

クイズです。次のカッコの中に当てはまるのは、「怒（おこ）」ると「叱（しか）」るのどちらでしょう。

① 顔を真っ赤にして（　）る
② 部下の怠慢を（　）った
③（　）ったような恐い顔

怒るとは、腹を立てる、いかる、という意味です。叱るとは、目下の者に対して、相手の良くない言動をとがめて、強い態度で責めることです。したがって、正解は①怒、②叱、③怒です。

怒るという言葉が、叱ると同義で用いられることもありますが、ここでは前述のように意味の使い分けをします。

クイズの例文②でお気づきのように「叱る」は、教育的・意図的な動作です。

職場で部下や後輩を叱るのは、叱られる対象である部下や後輩の効果的・効率的な業務遂行の促進と、人材育成という二面性があります。

しかし、怒るのは、自分の感情の発散です。抑えきれない不快な気持ちが言動に現れた状態を指します。

いわゆるパワハラは、叱るという範疇を超えた、人権侵害になってしまう状態といえます。感情にまかせて部下を怒鳴ったりするのは、まさにパワハラに該当します。一方、適正な業務遂行のためになされる指導としての叱責は、原則的にパワハラには当たりません。

適正な指導とパワハラの間に明確な線を引くことは困難ですが、組織内でこの線引き（基準づくり）について話し合うことは大切なことです。

職場のコミュニケーション向上の観点からも、組織内でのパワハラ基準づくりをお薦めします。

風通しのよい職場では、陰湿ないじめは起きにくいものです。

ほめる

ほめられて、嫌な人はいません。

恥ずかしいと感じたり、わざとらしいと受け止めたりして、かえって不快に思うことはあるはずです。しかし、自分の良さや、行ったことが評価されたと感じるのは心地よいものです。自分のことだけとは限らず、家族であったり、会社であったり、所属しているサークルであったり、自分が関わっているさまざまな分野についての称賛も、うれしいものです。

上手にほめることとは、人間関係にも良い影響を及ぼします。

概して、ほめることにも、ほめられることにも慣れていない人が多いようですが、人をほめることとは、自分を高めることにもつながります。

まず、ほめるために必要なことは、観察・想像・共感の3つです。

1つ目のポイントですが、相手のことや、相手がどのような状況にいるかということを、よく観察できてはじめてほめることができます。つまり、ほめるためには観察力の向上が鍵となるのです。相手の良さに気づくこと、相手の行為の価値に気づくこと、相手の関わっていることの社会的な意義に着目すること等々。

２つ目のポイントは、相手の気持ちの動きや、言動の理由を思いやることです。「なぜ」ということを考えます。つまり、想像力を高めることによって、相手の良さを見つけ出すことです。自身の思考の幅が広がるといってもいいでしょう。

３つ目の要点は、相手と同じような感情や考え方を自分の中で「体験」することです。相手の喜びや達成感、あるいは考え方などを、自分の気持ちの中に肯定的に受け止めます。つまり、共感力のアップによって、相手の心に近づき、思いの交流ができます。

共感は、自己の気持ちや考えに反して相手に従うこととは違います。違いは違いとして受け止め、生かすという心の姿勢が、単なる同調ではない、相手の信頼や喜びにつながる共感を生みます。

観察・想像・共感の３つの力によって、具体的にほめることで、自分の思いが相手に伝わっていきます。

留意すべきことは、他の誰かと比べないことです。子どもの頃に、兄弟と比較されて嫌な思いをした人は、訊いてみるとけっこういます。ほめるにしても、叱るにしても、誰かと比較するのはお薦めしません。比較の対象となった人に対しても失礼なことではないでしょうか。

もし比較するのなら、ほめるべき本人の過去と比べることです。それは、成長や努力の過程に注目しているというメッセージにもなります。

タイミングも大事です。言動に対して、本人も忘れてしまうような過去の古いことを持ち出してほめられてもピンとこないものです。

また、人柄をほめる場合でも、やはりほめるのにふさわしい状況というものを見極める配慮が必要です。

大袈裟な表現も避けるべきです。あまりオーバーですと、わざとらしさが生じてしまいます。

むしろ、事実に気づき、それを肯定的に伝えるだけで、立派なほめ言葉になる場合が多いのです。

例えば、職場の後輩や部下がいつも通りに仕事をこなしている場合でも、「いつも、きっちりとした仕事だね。助かるよ」などという言葉がけがあれば、言われたほうの気分はいいものです。

その言葉に好意が感じられるのなら、事実の指摘でも立派なほめ言葉になります。自分の行いをよく見てくれる人がいるという事実は、励みになるものです。

謝る

こちらが悪かったときや、相手に迷惑をかけたときに、誠実に、時機を逃さず、謝罪にふさわしい適切な方法と態度・言葉で謝ることは、概して、本人が考えるよりずっと大きな意味を持ちます。

謝り方次第で、以前より関係が良くなることもあれば、逆にこじれてしまって、手に負えなくなることもあります。

まず、心から詫びることです。形だけでは伝わりません。本人が納得せずに不承不承、

「とりあえず謝ればいいんでしょ」

といった気持ちで頭を下げても、相手の心には響きません。

また、タイミングを逃すと、この誠実さが伝わりにくくなります。

「今頃になって謝られてもねえ」

と相手に思われるようでは、謝罪としては失敗です。「六日の菖蒲」という言葉があります。5月5日に使う菖蒲を翌日に用意されても遅いのです。むろん、謝罪の場合には、

しないよりはマシなのですが。

謝り方と言葉は、当たり前ですが慎重に選ばなければなりません。手段によって、気持ちがすっと通じたり、逆に、反感を買ってしまったりします。

一番思いが伝わるのは、相手のところに出向くことです。都合がつかない場合には、電話や、手紙あるいはｅメール等でもやむを得ませんが、できれば直接会って詫びるのに越したことはありません。

ある人の体験談です。

行きつけの店ではじめて、とても不愉快な思いをして自宅に戻ったところ、そこの店員が謝罪に訪ねてきてくれ、すーっと気持ちがほぐれたといいます。

ところが、この話には残念な続きがありました。

「わざわざ来てくれて、かえって悪かったね」とねぎらったところ、

「いえ、一応お客さまですから」と答が返ってきたそうです。

この一言で、すべてが台なしになりました。一応とは、「十分とはいえないがとりあえず」という意味です。お客さまに対して用いるべき言葉ではありませんでした。

人の成功体験を生かせるか

他人の成功体験を生かせるか否かについて考えてみます。

結論から言えば、成功体験の汎用性はないということです。どのようなケースにも当てはまるような万能の秘訣はありません。書店の棚を埋め尽くす膨大なビジネス書の存在そのものがそれを物語っています。私たちは、その大量のビジネス指南本から、それぞれの課題やビジョンに見合った本を探し出さなければ目指す解答に行き着けません。さもなければ、自分で発見するか創造するしかないのです。

人の成功体験を生かせるかどうかは、自分の課題を正確に把握しているかどうかにかかっています。客観的に自分の周囲の状況や環境が把握できている場合に限って、他の成功事例からヒントを掴むことができます。そのヒントを、明確な解決策にまで練り上げるには、やはり自分の努力と思考と、試行の繰り返しです。

無論、組織にあっては、組織として、チームとして、さらに個々人としての、いくつかの段階で努力・思考・試行を重ねることが求められます。

概して、成功した人の中には、その成功体験を他人に当てはめて教えようとしがちな方がいます。

自分と同じようにすれば成功します、と。

しかしながら、これは少々おかしいのです。

失敗の場合には、要因の分析から多くを学べます。もちろん、失敗の分析もしきれるものではありませんが、問題点は明らかになることが多く、納得できることも多々あります。

これに比べて、成功の秘密を明らかにすることは難しい。仮に、かなりの分析ができたとしても、それを他のケースに当てはめることはなかなかできません。

人が違い、時を含めた状況が違うからです。

にもかかわらず、己の成功体験を押し付けたがる人は多く、また、それを知りたがる人が多いのも事実です。

他人（他社）の成功から学ぶものはいっぱいあるはずですが、それを生かせるか否かは、最後は自身の問題であるということが、真実なのです。

偽装表示は、おもてなしから最も遠い

おもてなしといえば、ホテルや旅館を思い浮かべる人も多いのではないでしょうか。くつろぎの時間と空間、すばらしい食事を提供してくれるプロのサービスは、非日常の楽しみです。その演出の根幹にはホスピタリティがあるはずです。

ところが、2013年には非常に残念ながら、多数のホテルや旅館で、いわゆるメニュー・食材の虚偽表示問題が表面化しました。「表面化」と書いたのは、ホテルによっては長期間にわたって、偽りの表示・説明を続けていたところがあり、この年に起きたとはいえないからです。

悲しいことに、全国で相次いで発覚しました。

開業当初からずっと、既製品を自家製パンと宣伝していたホテル、メニューと異なる食材を使っていたホテル・旅館など、文字通り次から次へと偽りが明らかになっていきました。

おもてなしから、最も遠い出来事ではないでしょうか。

飲食サービスにお金を払って騙されたお客さまはもちろんのこと、提供側の当事者にとっても悪夢のような出来事に違いなく、できるだけ早く忘れ去りたいところでしょう。自分が当事者だったらと思うと、ぞっとします。

済んだことは済んだこととして、きっちりと反省してから、先に進むことも大事です。しかし、何があっても忘れてはならないことがあります。

嘘をついて、お客さまを裏切ってはいけないということです。

法的には、景品表示法違反（優良誤認）の疑いということですが、法律を持ち出すまでもなく、社会の一員として企業が守るべき姿勢の問題なのです。

事件が発覚してからの、責任ある立場の人の見苦しい、聞き苦しい言い訳もまた、ホスピタリティからほど遠い不誠実なものでした。

失った信用を取り戻すには、従来の数倍の努力が必要です。

オリンピック・パラリンピックを開催する国が、命の根幹である食品に関する嘘をついては、世界から信用されなくなります。

ホスピタリティは土壇場力を生む

江戸時代の首切り場を土壇場といい、そこから、決断を迫られる最終的な場面、あるいは、進退きわまった状態を「土壇場」と呼ぶようになったそうです。

首を切られる寸前に、御上から助命の命令が届いたり、白馬にまたがった正義の味方が救出してくれたりすると、これは時代劇のシーンとなりますが、もし自力で脱出できたら、凄い！　ことです。まさに土壇場力が出たといえるでしょう。

ホスピタリティは、この土壇場力を生み出す可能性に満ちています。

違いを受け止め生かすというホスピタリティの要素は、まず、冷静に自分と相手と周囲の状態を把握することです。そのために、肯定的で客観的な視点が求められます。

同じくホスピタリティの要素である、相手も自分も大切にするということは、さまざまな可能性を追求することにつながります。双方を大切にする大前提は、相手も自分も生き延びることであり、そこから成長・発展することが、いわゆる持続可能性の追求となります。持続可能性を目指すのは、困難の中に活路を見出す作業でもあるのです。

相手の立場に配慮するというホスピタリティの要素は、相手の置かれた状況を把握して、相手の心の動きを探る作業でもあります。それは、相手の実力や長所を認識することであり、同時に、相手の持つ課題や弱点に気づくことでもあります。

以上の3つの要素に共通する、観察力・想像力・共感力を総動員して困難に向かうことも、ホスピタリティの発揮に他なりません。

例えば、非常に困難な状況に置かれた場合に、自分と周囲を冷静に客観的に肯定的に注意して捉えたうえで、

「この困難を乗り切れたら、自分にとって貴重な体験となり、将来の財産となる」

「克服できる可能性は、ゼロではない」

「もしも、うまくいかなくても、命までは取られないのだから、できるだけのことをやってみよう」

このような気持ちになると、行動に元気が出てきます。

反対に、

「うまくいくはずがない」

「これは運命だ」
「やっぱり自分はダメなんだ」
「ここで失敗したら、もう自分は終わりだ」

はじめから、このように悲観的に考えてしまうと、同じ状況であっても、気持ちの張りがまったく違ってきます。

日頃から、ホスピタリティ実践を意識すると、土壇場にも強くなるのです。

あとがき

本書をお読みくださり、ありがとうございました。

誰にでもできる、挨拶、感謝、お詫び、さりげない気づかいなどが、実はとても大きな力を持っています。それがホスピタリティの力です。

ちょっとした工夫や、わずかな努力を重ねることによって、目の前は確実に開けてきます。失敗や後悔は、あって当たり前なのです。パーフェクトな人生なんて、面白くはありません。

本文中でも力説しましたが、コミュニケーションはそもそもうまくいかないものです。だからといって嘆く必要はありません。本来難しいからこそ、知恵を絞り、わずかでも心が通えば、うれしいのです。

新しい新書シリーズの著者に名を連ねる機会をくださった、中島基隆さんをはじめ、経法ビジネス出版のスタッフのみなさん、いつも私を助けてくれる一般社団法人ホスピタリティ機構のスタッフの一人ひとりに感謝します。

野口幸一（のぐち　こういち）
東京税関勤務後、41歳でロンドン大学留学。帰国後、著述業をはじめ、ＮＰＯ活動などにも携わる。現在、一般社団法人ホスピタリティ機構代表理事。社会福祉法人うらら評議員。
著書に、『ハイ、ＭＫタクシーの青木定雄です―「京都発」しなやか・したたか経営』（ダイヤモンド社：共著）など。

経法ビジネス新書　001

一生嫌われない人生を手に入れる
ホスピタリティの力

2014年11月15日初版１刷発行

著　　者　野口幸一
発 行 者　金子幸司
発 行 所　株式会社 経済法令研究会
〒162-8421　東京都新宿区市谷本村町３-21
Tel　03-3267-4811
http://www.khk.co.jp/
企画・制作　経法ビジネス出版株式会社
Tel　03-3267-4897
カバーデザイン　株式会社 キュービスト
印 刷 所　日本ハイコム株式会社

乱丁・落丁はお取替えいたします。

ISBN978-4-7668-4800-7 C0212

経法ビジネス新書刊行にあたって

経済法令研究会は、主に金融機関に必要とされる業務知識に関する、書籍・雑誌の発刊、通信講座の開発および研修会ならびに銀行業務検定試験の全国一斉実施等を通じて、金融機関行職員の方々の業務知識向上に資するためのお手伝いをしてまいりました。

ところがその間、若者の活字離れが喧伝される中、ゆとり世代からさとり世代、さらには、ゆうとおり世代と称されるにいたり、価値観の多様化の名のもとに思考が停滞しているかの様相を呈する時代となりました。そこで、文字文化の息吹を絶やさないためにも、考える力を身につけて明日の夢につながる知恵を紡いでいくことが、出版人としての当社の使命と考え、経済法令研究会創業55周年を数えたのを機に、経法ビジネス新書を創刊することといたしました。読者のみなさまとともに考える道を歩んでまいりたいと存じます。

２０１４年９月

経法ビジネス出版株式会社